Cálculo e administração de medicamentos

LEGISLAÇÃO, TÉCNICA E EXERCÍCIOS PARA A SEGURANÇA DO PACIENTE E DO PROFISSIONAL

Dados Internacionais de Catalogação na Publicação (CIP)
(Claudia Santos Costa - CRB 8ª/9050)

Estrela, Débora Maria Alves
Cálculo e administração de medicamentos : legislação, técnica e exercícios para a segurança do paciente e do profissional / Débora Maria Alves Estrela, Talita Pavarini Borges – 3. ed. – São Paulo : Editora Senac São Paulo, 2025.

Bibliografia.
ISBN 978-85-396-5295-2 (impresso/2025)
e-ISBN 978-85-396-5296-9 (ePub/2025)
e-ISBN 978-85-396-5297-6 (PDF/2025)

1. Enfermagem – Administração de medicamentos. 2. Enfermagem – Legislação. 3. Medicamentos – Dosagem. 4. Medicamentos – Segurança. I. Borges, Talita Pavarini. II. Título.

25-2338c CDD – 615.6
BISAC MED058170
MED072000

Índice para catálogo sistemático:

1. Medicamentos – Preparo e administração : Enfermagem 615.6

Cálculo e administração de medicamentos

LEGISLAÇÃO, TÉCNICA E EXERCÍCIOS PARA A SEGURANÇA DO PACIENTE E DO PROFISSIONAL

3ª edição

DÉBORA MARIA ALVES ESTRELA
TALITA PAVARINI BORGES

Editora Senac São Paulo – São Paulo – 2025

Gerente/Publisher: Luís Américo Tousi Botelho
Coordenação Editorial: Verônica Pirani de Oliveira
Prospecção: Andreza Fernandes dos Passos de Paula
Dolores Crisci Manzano
Paloma Marques Santos
Administrativo: Marina P. Alves
Comercial: Aldair Novais Pereira

Edição e Preparação de Texto: Vanessa Rodrigues
Coordenação de Revisão de Texto: Marcelo Nardeli
Revisão de Texto: Fernanda Corrêa
Editoração Eletrônica: Manuela Ribeiro
Capa: Antonio Carlos de Angelis
Imagem da Capa: Getty Images (grThirteen, Natali_Mis)
Fotos: Luiz Henrique Mendes, exceto cobertura para cateter venoso periférico, p. 49; cateter venoso periférico, p. 49; cobertura para cateter venoso periférico comum em pediatria, p. 49; cobertura para cateter venoso central, p. 49; cateter central de inserção periférica (PICC), p. 49 e p. 180; equipos para infusões intravenosas gravitacionais – gotas ou macrogotas, p. 50; equipo fotossensível, p. 51; saco equipo fotossensível, p. 51; cápsula para inalação, p. 73; cateter venoso central, p. 178 (fotos: as autoras), e cápsula aberta, p. 72; cápsula bucal, p. 73; cápsula retal, p. 73; cápsula vaginal, p. 73 (fotos: iStock).
Impressão e Acabamento: Gráfica Visão

Editora Senac São Paulo
Av. Engenheiro Eusébio Stevaux, 823 – Prédio Editora
Jurubatuba – CEP 04696-000 – São Paulo – SP
Tel. (11) 2187-4450
editora@sp.senac.br
https://www.editorasenacsp.com.br

Sumário

Nota do editor

O exercício da enfermagem possui um caráter peculiar: ao mesmo tempo que observa protocolos e políticas institucionais, não pode prescindir do aspecto humano nos procedimentos realizados. De fato, técnica e contato humano se complementam, na medida em que o respeito pela pessoa atendida se fundamenta em uma assistência de qualidade, livre de danos, segura.

A segurança precisa ser, também, do profissional. E aqui está um dos diferenciais deste livro. Além de detalhar as etapas da administração de medicamentos, o conteúdo traz a regulamentação dessas atribuições, para que o leitor trabalhe sabendo o respaldo legal que ele tem no processo e as funções não só de cada membro da equipe de enfermagem como também dos membros da equipe de saúde multidisciplinar. Observando a recomendação do Ministério da Saúde, a presente obra insere o termo "cliente" no modo de se referir ao paciente, apresentando a discussão dessa terminologia no texto introdutório do conteúdo (ver p. 13).

Para completar a base sólida de conhecimento, as autoras levam o leitor a revisitar e praticar as operações matemáticas requeridas nos cálculos de medicamentos, com questões respondidas e explicadas.

Com esta publicação, o Senac São Paulo contribui para que enfermeiros, técnicos e auxiliares atuem em consonância com o Programa Nacional de Segurança do Paciente (PNSP), promovendo o aperfeiçoamento em uma das mais importantes áreas da saúde.

Dedicatória

À minha querida mãe e ao meu querido pai (*in memoriam*), que estão sempre presentes em meu coração.

Aos meus companheiros de vida – Reginaldo e meu filho, Gabriel –, que sempre me incentivam em todas as minhas jornadas.

À minha família, pelo apoio de todas as horas.

À querida Ana Maria Galvão de Carvalho Pianucci, pela confiança no meu trabalho e pelo convite para escrever este livro.

Débora Estrela

Aos meus queridos pais, sra. Magali, de quem sempre pude ter os mais belos exemplos da enfermagem, e o sr. Isaque (*in memoriam*), que sempre ensinou a importância do riso e do sorriso mesmo nos momentos mais difícies.

À querida Débora Estrela, pelo convite para construir este lindo trabalho, pela parceria e pelos aprendizados constantes.

À enfermagem, que me trouxe e me mantém entre gigantes, e aos meus alunos, razão do meu empenho em buscar o aperfeiçoamento constante. Como sempre digo: quer ser grande, esteja entre gigantes!

Talita Pavarini

Apresentação

Este livro traz, para a enfermagem, um apoio valioso para os complexos temas do cálculo e da administração de medicamentos. As autoras, enfermeiras com amplo conhecimento e vivência, buscam fazer com que os leitores consolidem sua conduta a partir do respeito à legislação e da observação da prática baseada em evidências (PBE). Fazem isso utilizando-se de pesquisas atualizadas para melhor embasar o tema.

O cálculo e a administração de medicamentos, por serem atividades intrínsecas à enfermagem, exigem do profissional não só conhecimento teórico e técnica apurada, mas também uma grande concentração no momento da realização. Administrar medicamento requer responsabilidade, atenção e cumprimento de regras para oferecer uma assistência de qualidade e livre de dano.

O conteúdo deste livro traz uma importante atualização sobre esse tema, abordando a segurança do paciente; a legislação vigente; os materiais utilizados; as formas de apresentação e as vias de administração dos medicamentos; os certos que englobam a nossa prática. Os temas são apresentados de forma clara e minuciosa, contendo os cuidados de enfermagem, o passo a passo da técnica e a anotação de enfermagem, para que a administração seja realizada livre de dúvidas e incertezas. Sempre que necessário, deve ser consultado o Anexo 2, no fim do livro, com as explicações das siglas utilizadas em nosso dia a dia profissional.

Convido o leitor a ler cada capítulo, acompanhando a teoria e realizando cada exercício de cálculo, buscando sanar qualquer dúvida para tornar seu trabalho confiável e, consequentemente, seguro à pessoa atendida.

Renata Tavares

Especialista em Centro Cirúrgico pela
Universidade Federal de São Paulo (Unifesp)
Mestre em Segurança do Paciente pela Universidade de São Paulo (USP)

Introdução

O uso de medicamento faz parte da vida do ser humano desde a Antiguidade, não necessariamente para tratar doenças, mas também para preveni-las.

Nos dias de hoje, o recém-nascido já recebe medicamento na sala de parto. E isso prossegue pela vida.

Assim, a enfermagem está presente em todo o ciclo da vida. Entre suas diversas atribuições está a administração de medicamentos. Essa responsabilidade é nossa! E devemos construir todos os conhecimentos necessários para uma administração de medicamentos segura, seguindo sempre as práticas baseadas em evidências e, também, o que consta do Programa Nacional de Segurança do Paciente (PNSP), instituído pela Portaria 529/13.

Neste momento, fazemos uma pausa para abordar o conceito do termo "paciente" e de outros utilizados sobre a pessoa atendida em um serviço de saúde, como "cliente" e "usuário".

Segundo o *HumanizaSUS: documento base para gestores e trabalhadores do SUS*:

> Cliente é a palavra usada para designar qualquer comprador de um bem ou serviço, incluindo quem confia sua saúde a um trabalhador da saúde. O termo incorpora a ideia de poder contratual e de contrato terapêutico efetuado. Se, nos serviços de saúde, o paciente é aquele que sofre, conceito reformulado historicamente para aquele que se submete, passivamente, sem criticar o tratamento recomendado, prefere-se usar o termo cliente, pois implica em capacidade contratual, poder de decisão e equilíbrio de direitos. Usuário, isto é, aquele que usa, indica significado mais abrangente, capaz de envolver tanto o cliente como o acompanhante do cliente, o familiar do cliente, o trabalhador da instituição, o gerente da instituição e o gestor do sistema (Brasil, 2008, p. 69-70).

Diante do exposto pelo Ministério da Saúde, neste livro adotaremos a expressão que combina os dois termos – paciente/cliente –, refletindo o que se tem praticado em muitos locais de nosso mercado profissional.

Assim, em relação à segurança, temos que, com o amplo acesso à informação disponível atualmente, é impensável utilizar achismos na prática de assistência do paciente/cliente de uma instituição de saúde.

Jamais "ache" nada. Tenha certeza dos processos; **em caso de dúvida, não realize**.

Respostas como "Estava muito corrido e não deu tempo de ver para que serve o medicamento" (isso é uma infração ética e compromete a segurança do paciente); "Mas estava assim na prescrição médica" (equívocos ocorrem e precisamos estar atentos); e "O paciente estava com dor, então aumentei a velocidade de infusão" (isso pode promover rebaixamento de nível de consciência, a depender do medicamento) não podem justificar suas ações como profissional. Não são defesas plausíveis. Por isso use sempre esta estratégia:

O que percebo	**O que faço na hora**	**O que faço na sequência**
Esse medicamento não conheço	Não administro Não faço	Busco informações
Esse medicamento não sei como administra (aplica)	Não administro Não faço	Busco informações e supervisão/auxílio
Será que esta dose está correta?	Não administro Não faço	Busco informações com o prescritor
Será que pode administrar nesta via?	Não administro Não faço	Busco informações

Essa postura demonstra preocupação com a segurança do paciente/cliente, **com a sua própria segurança** e, também, proatividade em aprender e desenvolver uma assistência segura.

Imagine a resposta que você anotaria, abaixo, para esta pergunta: "O que é preciso para administrar medicamentos com segurança?".

a. ( ) Conhecimento sobre farmacologia.
b. ( ) Conhecimento sobre os medicamentos.
c. ( ) Conhecimento sobre a legislação.
d. ( ) Conhecimento sobre as técnicas.
e. ( ) Habilidade técnica.

Você deve ter tido dificuldade para escolher uma, porque, de fato, não é possível anotar apenas uma alternativa. Todas estão certas; todas se complementam.

A administração de medicamentos é um processo que envolve esses cinco aspectos citados acima. **Um processo complexo que a enfermagem tem a habilidade de transformar, graciosamente, em algo aparentemente simples aos olhos do público leigo.**

Não existe prática segura sem teoria aprofundada e adequada. Para isso, é importante:

- estudar farmacologia, que nos proporciona a compreensão de aspectos como a ação dos medicamentos no organismo humano, contraindicações, interações medicamentosas e efeitos adversos, entre outros elementos;
- executar os cálculos de medicamentos, que permitem que a dose exata chegue ao paciente/cliente, proporcionando o tratamento adequado;
- conhecer e consultar sempre as legislações sobre direitos, deveres e proibições (ver p. 26-30);
- aplicar corretamente as técnicas de administração de medicamentos, sempre tendo como base as evidências e as pesquisas.

A administração de medicamentos é uma das funções intrinsecamente relacionadas com a enfermagem e a destaca na defesa da segurança, saúde e recuperação dos pacientes/clientes. A sociedade confia em nós. Vamos honrar este compromisso. É um dos diversos procedimentos da Arte do Cuidar, que é nossa.

1 Segurança na assistência[1]

A segurança é um tema atual e essencial quando falamos sobre paciente/cliente da instituição de saúde e enfermagem.

Vamos começar com alguns significados da palavra segurança que estão no dicionário: estado, qualidade ou condição de quem ou do que está livre de perigos, incertezas, assegurado de danos e riscos eventuais; conjunto de processos, de medidas que asseguram o sucesso de um empreendimento, do funcionamento ou da execução de algo; força ou firmeza nos movimentos; dispositivo para evitar perigo, acidentes, danos, perda (Dicionário Eletrônico Houaiss, 2009).

A partir desses significados, podemos observar que segurança, paciente/cliente e enfermagem são elementos interligados no dia a dia da enfermagem.

A enfermagem deve seguir medidas, protocolos e políticas institucionais com um único objetivo: o de prevenir erros, assegurando uma assistência com qualidade, livre de danos e, consequentemente, segura.

Você já ouviu falar da teoria do "queijo suíço"? Ela foi proposta pelo professor britânico James Reason (2000) para analisar erros e incidentes em relação à segurança da pessoa atendida.

Segundo essa teoria, os riscos são impedidos por uma série de barreiras, mas cada barreira pode ter suas fraquezas. Na analogia de Reason, as barreiras seriam as fatias do queijo, e as fraquezas das barreiras seriam os buracos delas. No dia a dia da enfermagem, essas fraquezas poderiam ser representadas, por exemplo, pelo não cumprimento de um protocolo ou pela realização de um procedimento de modo incerto. Quando, por acaso, acontece de todos os buracos estarem alinhados, as barreiras não funcionam, e o perigo atinge o paciente/cliente, causando o erro.

---

1 Este capítulo é assinado por Renata Tavares, especialista em Centro Cirúrgico pela Unifesp e mestre em Segurança do Paciente pela USP.

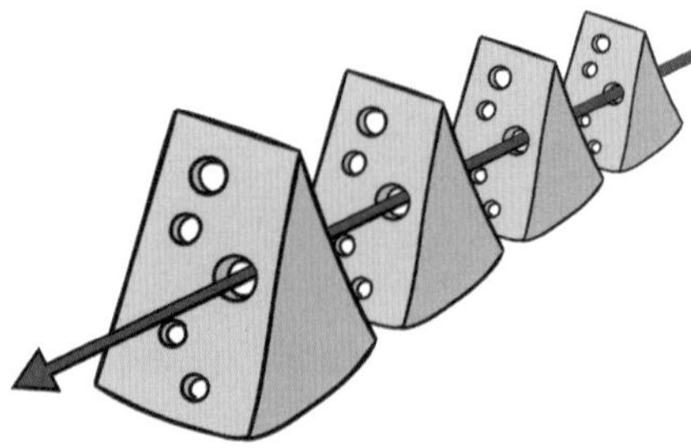

FIGURA 1.1 – Modelo do "queijo suíço".
Fonte: adaptado de Reason (2000, p. 769).

A teoria do "queijo suíço" mostra a necessidade de cumprir estritamente tudo o que dizem as regras relativas à proteção da pessoa atendida. Descuidar em qualquer aspecto, em qualquer etapa, ameaça a segurança do paciente/cliente e coloca o profissional em uma situação na qual pode vir a ser responsabilizado por erros.

A britânica Florence Nightingale, pioneira da enfermagem, já em sua época (século XIX) disse que "parece um princípio estranho enunciar como o primeiro requerimento para o hospital que ele não deve causar nenhum mal ao doente" (Carrier-Walker, 2011, p. 9).

Em 2013, o Ministério da Saúde instituiu o Programa Nacional de Segurança do Paciente (PNSP). É a conhecida Portaria 529/13, que propõe medidas para diminuir incidentes e eventos adversos para evitar danos à pessoa sob cuidado do profissional da saúde.

Toda a atividade do profissional de enfermagem precisa observar a prática baseada em evidências (PBE). Stetler *et al.* (1998) definem a PBE como uma abordagem que utiliza os resultados de pesquisa, o consenso entre especialistas conhecidos e a experiência clínica confirmada como bases para a prática clínica, em vez de experiências isoladas e não sistemáticas, além de rituais e opiniões sem fundamentação. O conceito de PBE teria surgido no Canadá (Madigan, 1998), na área de medicina, e naturalmente se expandiu para outros países e para a enfermagem.

#LEIATUDO

Portaria nº 529, de 1º de abril de 2013 (Programa Nacional de Segurança do Paciente). Disponível em: http://bvsms.saude.gov.br/bvs/saudelegis/gm/2013/prt0529_01_04_2013.html

Atualmente, há diversas fontes de informações de evidências para a prática de enfermagem, como revistas especializadas on-line (acesso por assinatura) ou sites de instituições governamentais ou associações.

A PBE pode funcionar como uma "ferramenta" que direciona o processo pelo qual o profissional toma decisões. Para isso, ele pode utilizar a melhor evidência científica, considerando as preferências do paciente/cliente e os recursos, praticando uma assistência segura e livre de danos (Dicenso *et al.*, 1998).

Podemos também contar com a Rede Brasileira de Enfermagem e Segurança do Paciente (REBRAENSP),[2] que surgiu em 2005 a partir de reuniões promovidas pelo Programa de Enfermagem da Unidade dos Recursos Humanos para a Saúde da Organização Pan-americana da Saúde (Opas). A Rede constitui uma estratégia de cooperação entre instituições direta e indiretamente ligadas à saúde e de educação de profissionais em saúde, com o objetivo de fortalecer a assistência de enfermagem segura e com qualidade.

2 Disponível em: https://www.rebraensp.com.br/. Acesso em: 27 jan. 2025.

2 Questões éticas e legais sobre o preparo e a administração de medicamentos

Antes de administrar medicamentos, precisamos entender:

- o respaldo legal que temos no processo;
- as atribuições de cada membro da equipe de enfermagem;
- as responsabilidades de cada membro da equipe de saúde multidisciplinar.

Sobre o primeiro aspecto, nós da equipe de enfermagem devemos conhecer e compreender a Lei nº 7.498/86, que dispõe sobre o exercício da enfermagem. Essa lei foi regulamentada pelo Decreto nº 94.406/87. Sempre que necessário, devemos consultar os textos da lei e do decreto.

#LEIATUDO

Lei nº 7.498, de 25 de junho de 1986 (exercício da enfermagem). Disponível em: http://www.planalto.gov.br/ccivil_03/leis/L7498.htm

Decreto nº 94.406, de 8 de junho de 1987 (regulamentação). Disponível em: http://www.planalto.gov.br/ccivil_03/decreto/1980-1989/d94406.htm

Direcionando ainda mais nossa atuação, devemos sempre pautar nossas ações pelo Código de Ética de Enfermagem, aprovado e reformulado pela Resolução nº 564/17, do Conselho Federal de Enfermagem (Cofen). O código descreve nossos direitos e deveres, além de explicar as proibições no exercício da enfermagem.

Resolução Cofen nº 564, de 6 de novembro de 2017 (código de ética). Disponível em: http://www.cofen.gov.br/resolucao-cofen-no-5642017_59145.html

A seguir, destacaremos os pontos mais relevantes desses regulamentos e leis relacionados à administração de medicamentos.

Lei nº 7.498/86

Como dissemos anteriormente, essa é a lei do exercício profissional. No parágrafo único do art. 2º, temos como é legalmente a composição da equipe de enfermagem: "Parágrafo único. A Enfermagem é exercida **privativamente** pelo Enfermeiro, pelo Técnico de Enfermagem, pelo Auxiliar de Enfermagem e pela Parteira, respeitados os respectivos graus de habilitação" (Brasil, 1986).

O destaque no termo "privativamente" é nosso, para reforçar a ideia do trecho. Fica claro que cuidadores de qualquer natureza (de idosos, de crianças, babás) ou agentes comunitários de saúde não são integrantes da equipe de enfermagem. Os agentes comunitários fazem parte de equipe multiprofissional de atendimento no programa de atenção básica denominado Estratégia Saúde da Família.

O art. 4º afirma que "a programação de Enfermagem inclui a prescrição da assistência de Enfermagem" (Brasil, 1986). A prescrição da assistência de enfermagem está inserida no Processo de Enfermagem (PE), que, segundo o art. 1º da Resolução Cofen nº 736 de 17 de janeiro de 2024, "deve ser realizado, de modo deliberado e sistemático, em todo contexto socioambiental em que ocorre o cuidado de Enfermagem". Isso significa que, independentemente do setor, da instituição de saúde, do nível de assistência e do tipo de paciente/cliente, esse processe deve ser realizado obrigatoriamente.

A Resolução deixa clara a importância e a relevância do PE ao considerar que o "Processo de Enfermagem é um método que orienta o pensamento crítico e o julgamento clínico do Enfermeiro direcionando a equipe de enfermagem para o cuidado à pessoa, família, coletividade e grupos especiais".

O PE possui cinco etapas inter-relacionadas, interdependentes, recorrentes e cíclicas, conforme art. 4º da Resolução Cofen nº 736, e estão exemplificadas na sequência, considerando o processo de administração de medicamentos:

1. **Avaliação de enfermagem.** É o momento de obtenção de dados relevantes da pessoa sob cuidado do profissional de saúde, compreende a coleta de dados subjetivos (entrevista) e objetivos (exame físico). Pode ser por meio de perguntas e/ou leitura de prontuário, buscando informações como, por exemplo, se possui alergia, histórico de doenças, uso de medicamentos, presença de dispositivos como cateter venoso periférico (CVP, chamado comumente de "acesso") e até aspectos que podem ter impacto no cuidado ao paciente/cliente (por exemplo, religião da pessoa atendida). Na realização de exame físico, o enfermeiro examinará o paciente/cliente, buscando avaliar como está no momento, assim como sinais e sintomas.
2. **Diagnóstico de enfermagem.** Com os dados da primeira etapa, o enfermeiro avalia tais dados e seleciona os diagnósticos. Por exemplo: se a pessoa tem cateter venoso periférico, ela apresenta, como diagnóstico de enfermagem, "Risco para infecção associada a dispositivo invasivo", extraído do referencial teórico NANDA-I (2014).
3. **Planejamento de enfermagem.** De acordo com os diagnósticos, o enfermeiro prescreve os cuidados de enfermagem necessários para melhoria da condição do paciente/cliente e prevenção de piora, assim como determina quais resultados qualitativos e quantitativos são esperados. Considerando o diagnóstico de enfermagem citado, o objetivo é evitar a infecção de corrente sanguínea, perda do cateter, flebites e outras condições associadas ao uso de cateteres. Como prescrição de enfermagem, são exemplos: observar sinais de infecção na inserção do cateter, fazer desinfecção do cateter antes da manipulação.
4. **Implementação.** Consiste na realização das ações descritas na etapa anterior.

5. **Evolução de enfermagem.** Nesta etapa, verificam-se se os resultados pretendidos foram alcançados e se há necessidade de mudança.

Prosseguindo no texto da Lei, vamos ao art. 11, que tem como foco os papéis exercidos pela equipe de enfermagem, principalmente o enfermeiro.

> Art. 11. O Enfermeiro exerce todas as atividades de enfermagem, cabendo-lhe:
>
> I – privativamente:
>
> a) direção do órgão de enfermagem integrante da estrutura básica da instituição de saúde, pública e privada, e chefia de serviço e de unidade de enfermagem;
>
> b) organização e direção dos serviços de enfermagem e de suas atividades técnicas e auxiliares nas empresas prestadoras desses serviços; (Brasil, 1986).

Aplicando ao nosso dia a dia: o enfermeiro é o profissional responsável por liderar a equipe de enfermagem, que por sua vez é composta por técnicos e auxiliares de enfermagem.

O art. 11 também afirma que cabe apenas ao enfermeiro (e não ao técnico e ao auxiliar) a prescrição da assistência de enfermagem. Ou seja, **na equipe, o enfermeiro é o profissional responsável pela prescrição de enfermagem** contida no PE. Nesse âmbito, podemos encontrar as seguintes prescrições feitas pelo enfermeiro, após realizar o exame físico e adequar a cada paciente e sua condição clínica: aferir sinais vitais de 4 em 4 horas; aferir PA e FC antes da administração de anti-hipertensivos; não administrar medicamentos do lado esquerdo; permeabilizar ou realizar flushing em cateter venoso periférico com 5 mL de SF 0,9% antes e depois da administração de medicamento; atentar para a deglutição; reavaliar dor após 1 hora da terapêutica.

O enfermeiro elabora a prescrição da assistência de enfermagem; a execução dessa assistência pode ser feita pelo enfermeiro e, também, pelo técnico e pelo auxiliar de enfermagem. Antes de realizar um procedimento de administração de medicamento, em qualquer via, é preciso ler atentamente as prescrições de enfermagem, que direcionam para uma prática segura.

Especificamente no que se refere à administração de medicamentos, ressaltamos que algumas vias podem ser realizadas apenas pelo enfermeiro. É o caso da intraóssea, por exemplo. Da mesma maneira, alguns fármacos podem ser administrados somente por esse profissional (por exemplo, os quimioterápicos).

Por fim, entre as atribuições que são exclusivas do enfermeiro, segundo o art. 11 da Lei, estão os "cuidados de enfermagem de maior complexidade técnica e que exijam conhecimentos de base científica e capacidade de tomar decisões imediatas" (Brasil, 1986).

Decreto nº 94.406/87

No Decreto, encontramos as mesmas informações da lei do exercício profissional, com detalhamento. Sobre a atuação dos técnicos e auxiliares de enfermagem, destacamos os arts. 10 e 11.

> Art. 10. O Técnico de Enfermagem exerce as atividades auxiliares, de nível médio técnico, atribuídas à equipe de enfermagem, cabendo-lhe:
>
> I - assistir ao Enfermeiro:
>
> [...]
>
> b) na prestação de cuidados diretos de enfermagem a pacientes em estado grave;
>
> [...]
>
> d) na prevenção e no controle sistemático da infecção hospitalar;
>
> e) na prevenção e controle sistemático de danos físicos que possam ser causados a pacientes durante a assistência de saúde;
>
> [...]
>
> Art. 11. O Auxiliar de Enfermagem executa as atividades auxiliares, de nível médio, atribuídas à equipe de enfermagem, cabendo-lhe:
>
> [...]
>
> III - executar tratamentos especificamente prescritos, ou de rotina, além de outras atividades de enfermagem, tais como:
>
> a) ministrar medicamentos por via oral e parenteral;
>
> [...]
>
> d) aplicar oxigenoterapia, nebulização, enteroclisma, enema e calor ou frio;
>
> e) executar tarefas referentes à conservação e aplicação de vacinas; (Brasil, 1987).

Lendo a Lei e o Decreto, fica claro: a administração de medicamentos é atividade pertencente à categoria da enfermagem. Somos nós que detemos todos os conhecimentos necessários a essa prática.

Resolução Cafoen nº 564/17 (Código de Ética de Enfermagem)

Destacamos, aqui, os artigos relacionados à administração de medicamentos. Nesse assunto, existem não só direitos do profissional, como também deveres e até proibições.

Direitos do profissional

No capítulo I do código, o art. 7º afirma que é direito do profissional "ter acesso às informações relacionadas à pessoa, família e coletividade, necessárias ao exercício profissional" (Cofen, 2017). Um exemplo aqui poderia ser o acesso à informação de que o paciente/cliente tem alergia a algum medicamento.

O art. 10 afirma que é direito do profissional "ter acesso, pelos meios de informação disponíveis, às diretrizes políticas, normativas e protocolos institucionais, bem como participar de sua elaboração" (*ibid.*). Isso quer dizer que todos os documentos institucionais que direcionam nossa prática – seja em hospitais, unidades básicas de saúde (UBS) ou clínicas – devem ser de fácil consulta e acesso, assim como devem ser passados em treinamentos. Seguir diretrizes políticas, normas e protocolos institucionais propicia uma prática segura tanto para a pessoa atendida como para o profissional, pois dessa forma ele fica respaldado não apenas pelo Conselho de Enfermagem, como pela própria instituição em que atua.

Já o art. 22 afirma que o profissional tem o direito de "recusar-se a executar atividades que não sejam de sua competência técnica, científica, ética e legal ou que não ofereçam segurança ao profissional, à pessoa, à família e à coletividade" (*ibid.*). Ou seja, **em caso de dúvidas, não aceite a tarefa**; não a realize.

Deveres do profissional

Enquanto o capítulo I do Código de Ética de Enfermagem descreve os direitos do profissional, o capítulo II estabelece os deveres.

O art. 36 do capítulo II, por exemplo, afirma que é dever do profissional "registrar no prontuário e em outros documentos as informações inerentes e indispensáveis ao processo de cuidar de forma clara, objetiva, cronológica, legível, completa e sem rasuras" (Cofen, 2017).

Lembre-se sempre: **eu só realizei o que eu anotei**. A anotação de enfermagem garante a continuidade da assistência à equipe multiprofissional, proporciona segurança à pessoa sob cuidado e respalda sua atuação como profissional de enfermagem.

O art. 37 informa que é dever também "documentar formalmente as etapas do processo de Enfermagem, em consonância com sua competência legal" (*ibid.*). O art. 39 informa outro dever: "Esclarecer à pessoa, família e coletividade, a respeito dos direitos, riscos, benefícios e intercorrências acerca da assistência de Enfermagem" (*ibid.*).

Os artigos que destacamos a seguir estão no capítulo dos deveres do profissional. Importante: estes são **deveres a serem cumpridos antes da administração dos medicamentos**.

O art. 40 afirma que é dever "orientar à pessoa e família sobre preparo, benefícios, riscos e consequências decorrentes de exames e de outros procedimentos, **respeitando o direito de recusa da pessoa** ou de seu representante legal" (*ibid.*, grifo nosso). Destacamos com negrito esse trecho do código porque ele deve ser lembrado quando o paciente/cliente recusar o medicamento ou nos casos de pediatria em que o responsável legal pela criança o recuse. É direito da pessoa sob cuidado ou do responsável legal recusar a medicação. Devemos esclarecer a importância e as consequências tanto de receber o medicamento (melhoria do quadro, sucesso do tratamento) como de não o receber (piora do quadro e prolongamento da internação, entre outras consequências).

Após os esclarecimentos, devemos compartilhar a informação, **anotando a recusa no prontuário do paciente/cliente**, para deixar a equipe de enfermagem e a equipe multiprofissional cientes. Devemos anotar que a pessoa recusou o medicamento (e o motivo da recusa) e que foram dadas todas as informações sobre as consequências da não aceitação.

O art. 43 informa outro dever: "Respeitar o pudor, a privacidade e a intimidade da pessoa, em todo seu ciclo vital e nas situações de morte e pós-morte" (Cofen, 2017).

O art. 45 apresenta o dever que o profissional tem de "prestar assistência de Enfermagem livre de danos decorrentes de imperícia, negligência ou imprudência" (*ibid.*). Quando se fala em administração de medicamentos:

- **imperícia** é, por exemplo, não ter habilidade técnica para administrar medicamento via sonda nasoenteral e, mesmo assim, administrá-lo;
- **negligência** significa não administrar o medicamento prescrito;
- **imprudência** significa pular etapas no preparo da medicação, não assegurando uma técnica livre de infecções para a pessoa assistida.

O art. 46 informa que o profissional tem o dever de "recusar-se a executar prescrição de Enfermagem e Médica na qual não constem assinatura e número de registro do profissional prescritor, exceto em situação de urgência e emergência" (*ibid.*). E mais:

> § 1º O profissional de Enfermagem deverá recusar-se a executar prescrição de Enfermagem e Médica em caso de identificação de erro e/ou ilegibilidade da mesma, devendo esclarecer com o prescritor ou outro profissional, registrando no prontuário.
>
> § 2º É vedado ao profissional de Enfermagem o cumprimento de prescrição a distância, exceto em casos de urgência e emergência e regulação, conforme Resolução vigente. (*ibid.*)

Ou seja: jamais "ache" que está escrito tal medicamento. Está no código de ética dos profissionais prescritores a obrigatoriedade da escrita sem dúvidas. Procure o enfermeiro sempre que necessário e confirme a informação com o profissional prescritor (seja o próprio enfermeiro, seja o médico que elaborou a prescrição em que há dúvida).

Proibições ao profissional

O capítulo III do código é todo dedicado às proibições.

Nele está o art. 77, que afirma que é proibido ao profissional de enfermagem "executar procedimentos ou participar da assistência à saúde sem o consentimento formal da pessoa ou de seu representante ou responsável legal, exceto em iminente risco de morte" (Cofen, 2017).

O art. 78 afirma que é proibido "administrar medicamentos sem conhecer indicação, ação da droga, via de administração e potenciais riscos, respeitados os graus de formação do profissional" (*ibid.*).

Relembre sempre: **o que eu não sei, eu não faço**.

É proibida a administração de medicamento sem o devido conhecimento da indicação, dos benefícios, de possíveis efeitos colaterais e de interação medicamentosa.

Seja um profissional de excelência. **Antes de o paciente/cliente perguntar, já oriente**: "Sr(a)., irei administrar o medicamento 'x', que é indicado para... É possível que o(a) senhor(a) sinta estas reações:...". Caso haja acompanhante próximo, efetue essas orientações também ao acompanhante. É uma conduta que melhora a convivência e cria confiança em seu trabalho.

Vale repetir: em relação à lei, não existe o argumento "eu não sabia".

O conhecimento de farmacologia é obrigatório.

Outra proibição importante dentro do que tratamos neste livro é a apresentada no art. 80 do código: é proibido "executar prescrições e procedimentos de qualquer natureza que comprometam a segurança da pessoa" (*ibid.*).

Ou seja, o estudo é sua maior defesa!

Não é porque determinado medicamento está prescrito pelo profissional médico que você irá administrá-lo sem a correta interpretação, sem conhecimento e sem questionamentos necessários à prática segura. Erros de prescrição médica infelizmente podem ocorrer e precisam ser bloqueados. Lembre-se do queijo suíço.

O art. 88 afirma que é proibido "registrar e assinar as ações de Enfermagem que não executou, bem como permitir que suas ações sejam assinadas por outro profissional" (*ibid.*). Você não pode anotar qualquer tipo de administração de medicamento ou de procedimento que você não tenha realizado. Da mesma maneira, não pode administrar um medicamento realizado por qualquer outro profissional.

Vale destacar que alguns hospitais trabalham com dose unitária de medicamentos via intravenosa. A produção desses medicamentos é rastreada e acompanhada, o que possibilita identificar, em caso de necessidade, os profissionais envolvidos em cada etapa. Dessa forma, podemos administrar esses medicamentos, quando há a garantia por parte do hospital da segurança do processo.

O código informa ainda, em seu art. 92, que é proibido "delegar atribuições dos(as) profissionais de enfermagem, previstas na legislação, para acompanhantes e/ou responsáveis pelo paciente" (*ibid.*).

Temos como exemplo desse artigo a administração de medicamento via oral. A responsabilidade da administração é da equipe de enfermagem. Não confie essa fundamental atribuição a outros.

Em casos de pediatria, a mãe ou o acompanhante podem auxiliar no processo, a fim de facilitar a aceitação por parte da criança. Mas a responsabilidade continua sendo da enfermagem.

Penalidades para o profissional

Existem diversas penalidades referentes a ações que comprometem a segurança da pessoa atendida relacionadas à administração de medicamentos, com destaque ao art. 78, que são:

- advertência verbal (art. 115 do código);
- multa (art. 116);
- censura (art. 117);
- suspensão do exercício profissional (art. 118).

Por isso estude e não pule etapas. Dessa maneira, você contribuirá para sua segurança e para a do paciente/cliente.

Técnicas que exigem cursos específicos e validação

Existem técnicas que, embora sejam executadas pela enfermagem, demandam a realização de cursos específicos e/ou validação. Conhecer e aprender as técnicas são tão importantes quanto conhecer a legislação que respalda a sua atuação profissional.

Técnica/ Dispositivo	**Profissional(is) responsável pela realização da técnica**	**Profissional(is) responsável pela administração de medicamentos**	**Legislação de apoio**
Intraóssea	Enfermeiro	Enfermeiro, técnicos de enfermagem	Resolução Cofen nº 648/2020
Hipodermóclise	Enfermeiro, técnicos e auxiliares de enfermagem	Enfermeiro, técnicos e auxiliares de enfermagem	Parecer de Câmara Técnica nº 0112/2020/ CTAS/Cofen Parecer Técnico nº 029/2022 Coren-AL Parecer Coren-SP nº 031/14 – CT
Cateter umbilical	Enfermeiro	Enfermeiro, técnicos de enfermagem	Resolução Cofen nº 388/2011 Parecer de Conselheiro Federal nº 243/2017/Cofen

(cont.)

Técnica/ Dispositivo	Profissional(is) responsável pela realização da técnica	Profissional(is) responsável pela administração de medicamentos	Legislação de apoio
Cateter Central de inserção periférica	Enfermeiro	Enfermeiro, técnicos e auxiliares de enfermagem	Parecer de Conselheira Federal Relatora nº 017/2023 Parecer Técnico Coren-DF nº 10/2022 Parecer de Conselheiro Federal nº 243/2017/ Cofen Resolução Cofen nº 258/2001 Parecer de Câmara Técnica Conjunto nº 001/2019/CTAS/ CTLN/Cofen Parecer Coren-SP nº 017/2020 Parecer Coren-SP nº 043/2013

Aprazamento

A administração dos medicamentos, como vimos, envolve diversas etapas; entre elas, o horário correto para a administração. O processo de direcionar o horário para a administração de medicamento na prescrição médica recebe o nome de aprazamento. Essa é uma atividade privativa do enfermeiro, ou seja, só ele pode fazer. Para isso, o enfermeiro leva em consideração os seguintes fatores:

- farmacologia do medicamento;

- interações medicamentosas;
- horários-padrão da instituição;
- condições da pessoa assistida (idade, sinais e sintomas do momento, realização de exames, realização de procedimentos reconhecidamente dolorosos, como curativos, entre outras).

Vale, aqui, destacar a conclusão do Parecer nº 036/13 do Coren-SP, que traz informações detalhadas sobre esse assunto.

> Considerando a responsabilidade envolvida no aprazamento das prescrições médicas, diante da possibilidade de ocorrência de interações medicamentosas, as quais podem vir a prejudicar o processo terapêutico instituído ao paciente, entendemos que compete somente ao Enfermeiro realizar tal ação (Coren-SP, 2013b).

#LEIATUDO

Parecer Coren-SP nº 036, de 2013 (aprazamento). Disponível em: http://portal.coren-sp.gov.br/sites/default/files/parecer_coren_sp_2013_36.pdf

3 Materiais necessários para o preparo e a administração de medicamentos

Equipamentos de proteção individual

Equipamento de proteção individual (EPI), segundo a Norma Regulamentadora 6 – NR 6, é "todo dispositivo ou produto, de uso individual utilizado pelo trabalhador, destinado à proteção de riscos suscetíveis de ameaçar a segurança e a saúde no trabalho" (Brasil, 2020).

Um dos mais comuns, os óculos de segurança devem ser utilizados mesmo por quem já usa óculos (de grau, por exemplo). Há um modelo próprio para ser colocado sobre os óculos de uso habitual. Pode acontecer de os óculos de segurança embaçarem, prejudicando a visibilidade. Neste caso, devemos procurar o setor de Segurança do Trabalho e solicitar o líquido próprio para deixar o produto em condição de uso.

QUADRO 3.1 – EPIs utilizados em diferentes procedimentos.

EPI	Preparo de medicamentos	Administração de medicamentos em geral	Administração de quimioterápicos[1]
Óculos de segurança 	Sim	Não, embora possa ser utilizado em aplicações por vias intramuscular e subcutânea (ver capítulo 7).	Sim
Máscara simples/cirúrgica 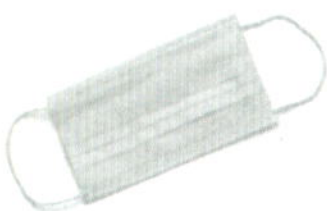	Não	Sim, embora seja opcional em muitas situações (ver capítulo 7).	Sim
Luvas de procedimento 	Não	Sim, embora sejam opcionais em muitas situações (ver capítulo 7).	Sim
Avental de manga longa 	Não	Não	Sim

1 A administração de medicamentos quimioterápicos é feita apenas pelo enfermeiro com treinamento específico.

Seringas

Temos nas instituições de saúde diversos tipos de seringa. Conhecê-los é fundamental para o planejamento da administração. Necessitamos saber as partes que compõem a seringa, a graduação e o volume total.

Partes da seringa

A seringa possui três partes:

- o **êmbolo**, que é o dispositivo que empurramos para injetar ou puxamos para aspirar;
- o **corpo**, o local a ser preenchido pelo medicamento;
- o **bico**, que faz a conexão com a agulha.

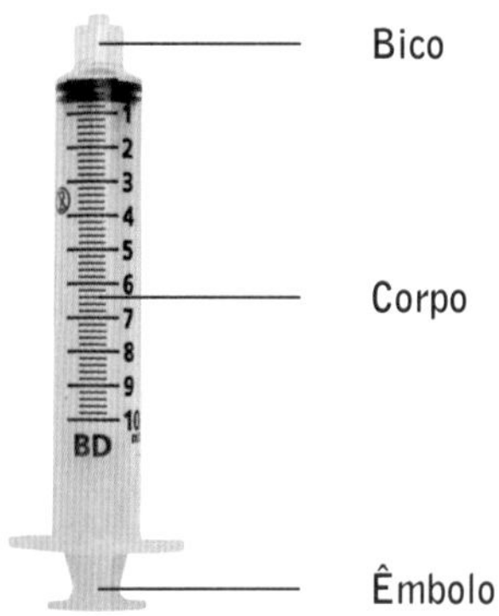

FOTO 3.1 – Partes da seringa: êmbolo, corpo e bico.

Há basicamente dois modelos de bicos de seringa: o liso e o com rosca.

O **bico liso** (ou bico luer) possibilita encaixe fácil da agulha e acoplamento de cateteres. (Devemos nos certificar do encaixe, para não desacoplar.) A seringa com bico liso é comumente usada na aplicação de vacinas, em coletas de sangue, em situações que pedem cateteres periféricos e na infusão de medicamentos líquidos e menos viscosos.

O **bico com rosca** dificulta o desprendimento da agulha. Por essa razão, a seringa com rosca é em geral utilizada em procedimentos que exigem maior controle da agulha no corpo e na administração de medicamentos oleosos, tanto em via subcutânea como na intramuscular e na intravenosa.

Embora haja essas diferenças e particularidades entre as seringas, a preferência pelo uso de cada uma é do profissional, que deve também seguir os protocolos da instituição de saúde em que atua. Todos os procedimentos podem ser realizados por ambos os modelos.

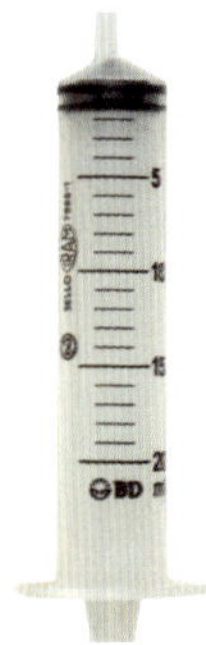

FOTO 3.2 – Seringa com bico liso, comumente utilizada em aplicação de vacinas e com cateteres periféricos.

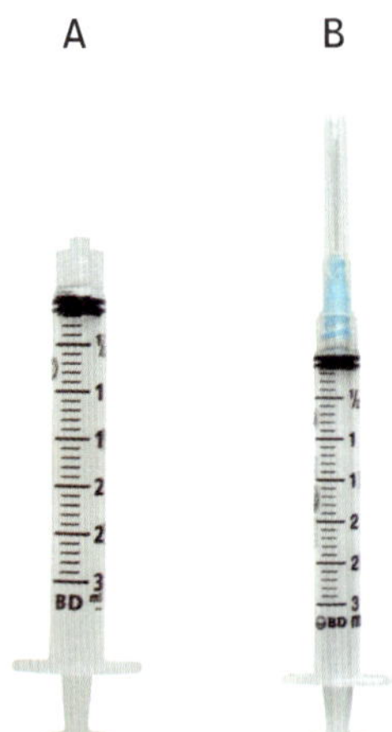

FOTOS 3.3A E 3.3B – Seringas com rosca, em princípio recomendadas para procedimentos que demandam maior precisão na manipulação da agulha. Aumentam a segurança para quem manipula.

EMBALAGENS

Devemos sempre abrir o invólucro das seringas utilizando a técnica correta, para manter o material estéril. Primeiro verificamos a validade; depois, abrimos a embalagem (iniciando sempre pelo lado do êmbolo).

> **#LEIATUDO**
>
> Parecer Coren-SP CAT nº 010/2010 (abertura do invólucro de seringas). Disponível em: http://portal.coren-sp.gov.br/wp-content/uploads/2013/07/parecer_coren_sp_2010_10.pdf

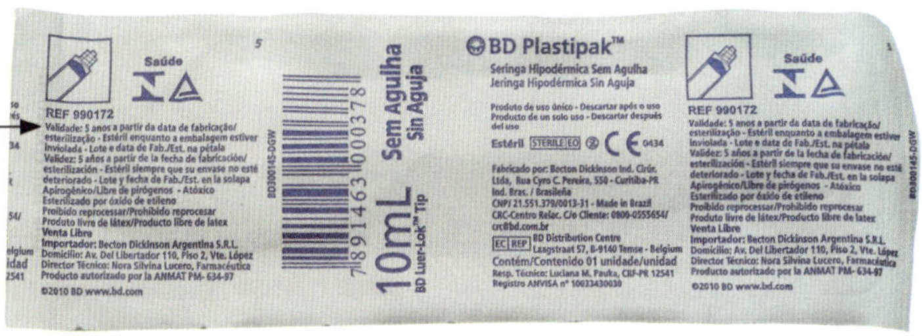

FOTO 3.4 – Verso da embalagem de uma seringa, que traz informações como o prazo de validade.

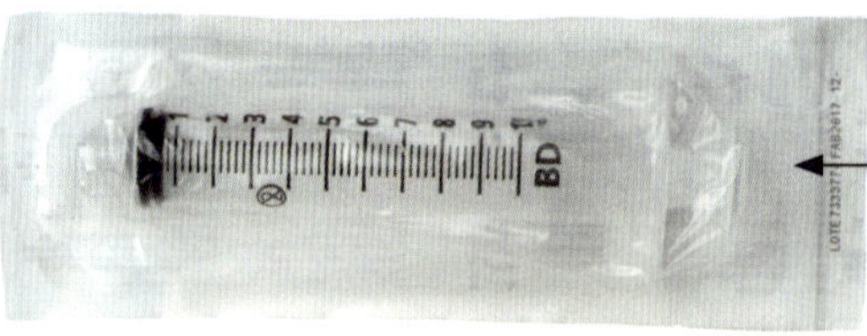

FOTO 3.5 – Área da embalagem que deve ser aberta para a retirada da seringa.

Volume e graduação das seringas

As seringas de 1 mL costumam ser utilizadas na aplicação de insulina e em procedimentos pelas vias intradérmica e subcutânea. (Lembrando, mL é sigla de "mililitro". Ver "Anexo 2 – Siglas e fórmulas", p. 261.)

Seringas de 3 mL e de 5 mL são comumente usadas com soluções por via intramuscular, enquanto as de 10 mL e de 20 mL são, em geral, utilizadas com soluções por via intravenosa.

Aqui, vale destacar que:

- 1 mL = 100 partes iguais. Ou seja, 1/100. Assim, 1 mL = 100 UI (sigla de "unidades internacionais");
- 1 mL = 1 cm^3 = 1 cc (sigla de "centímetro cúbico");
- 1 U (sigla de "unidade") = 0,01 mL.

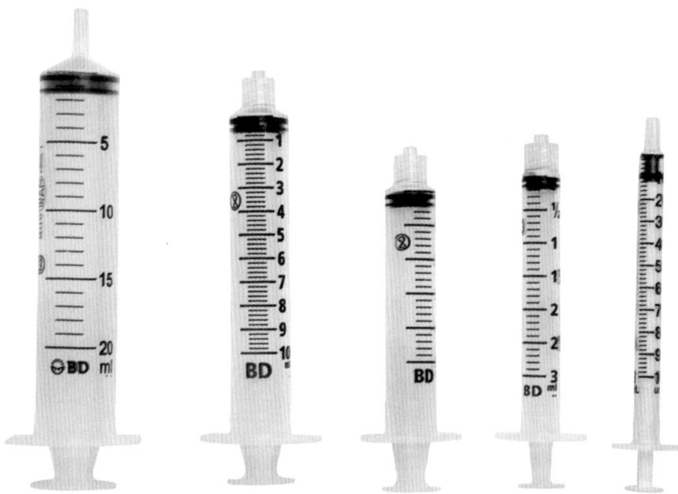

1 2 3 4 5

FOTO 3.6 – Seringas de diferentes graduações. (1) Seringa de 20 mL: escala de 1 mL. (2) Seringa de 10 mL: escalas de 0,2 mL. (3) Seringa de 5 mL: escalas de 0,2 mL. (4) Seringa de 3 mL: escalas de 0,1 mL. (5) Seringa de 1 mL: escalas de 0,1 mL, 2 U, 1 U.

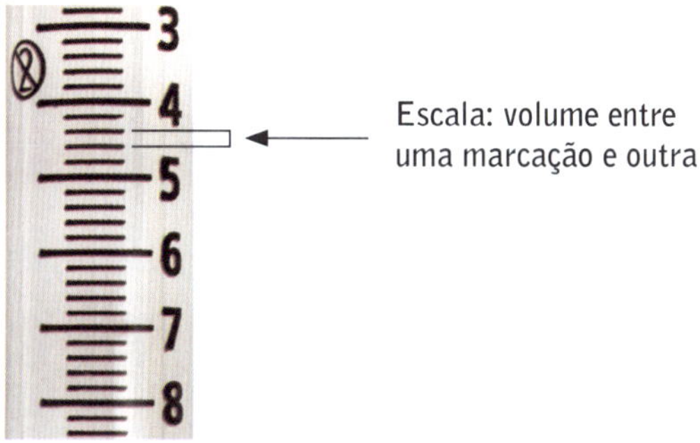

FOTO 3.7 – Detalhamento da escala de uma seringa.

Existem seringas para aplicação de insulina em que a agulha já vem acoplada, com graduações de 30 UI, 50 UI e 100 UI. Verifique quanto cada espaço entre uma marcação e outra vale. Esses valores são diferentes em cada graduação. Dessa forma, não haverá erros na administração da insulina.

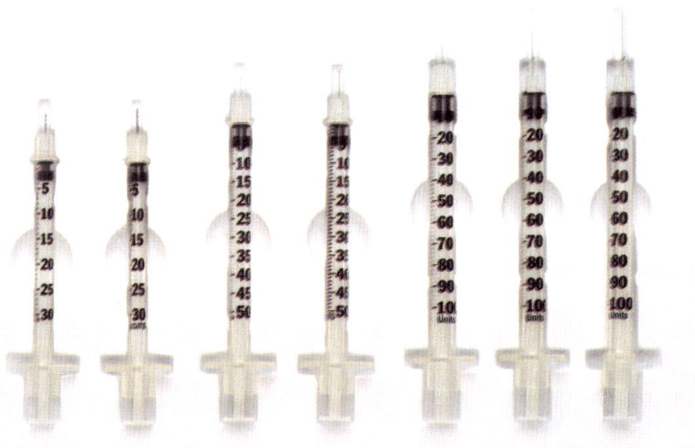

FOTO 3.8 – Seringas para aplicação de insulina. Da esquerda para a direita, 30 UI, 50 UI e 100 UI.

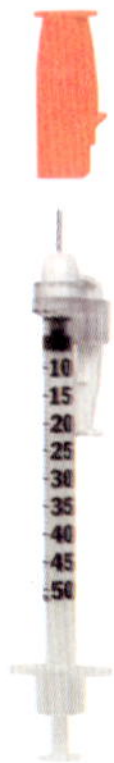

FOTO 3.9 – Seringa para aplicação de insulina com dispositivo de segurança acoplado (parte branca à direita da seringa).

Agulhas

Partes da agulha

A agulha possui três partes:

- o **bisel**, pelo qual passa o líquido introduzido ou aspirado;
- a **haste**, que responde pela penetração da agulha;
- o **canhão**, que faz a ligação da agulha com a seringa.

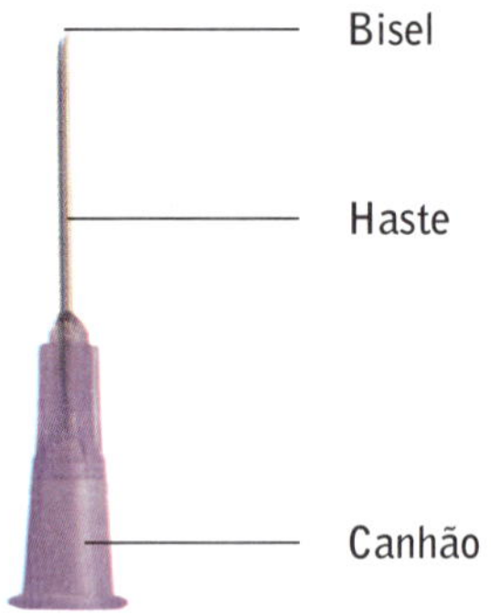

FOTO 3.10 – Partes da agulha.

Tamanhos e vias de administração

São diversos os tamanhos de agulha encontrados nos serviços de saúde. Esses tamanhos estão relacionados à via de administração do medicamento e à finalidade da aplicação.

Os canhões têm cores padronizadas conforme o tamanho da agulha. Esse padrão de cor funciona como uma forma de identificação da agulha para o profissional de enfermagem em sua rotina de trabalho. Mesmo assim, devemos sempre confirmar o tamanho fazendo a leitura na embalagem.

QUADRO 3.2 – Cor do canhão das agulhas, conforme o tamanho.

Tamanho da agulha (em mm)	Cor do canhão
0,30 × 13	Amarelo
0,45 × 13	Marrom
0,55 × 20	Roxo
0,60 × 25	Azul
0,70 × 25	Cinza
0,70 × 30	Cinza
0,80 × 25	Verde
0,80 × 30	Verde
1,2 × 40	Rosa
1,60 × 40	Cinza-claro

QUADRO 3.3 – Alguns dos tamanhos de agulha mais utilizados e vias de administração.

Tamanho (em mm)	Conhecida como	Via de administração	Modelo
0,45 × 13	13 × 4,5	Subcutânea	

(cont.)

Tamanho (em mm)	Conhecida como	Via de administração	Modelo
0,55 × 20	–	Hipodérmica	
0,60 × 25	25 × 6	Intramuscular[2]	
1,20 × 40	40 × 12	Aspiração de medicamento	
1,20 × 25	Ponta romba	Aspiração de medicamento	

Outros modelos

Existem modelos de agulha dotados de dispositivos de segurança, para proteger o profissional de acidentes.

2 Outros tamanhos comumente utilizados para a administração intramuscular são 0,70 mm × 25 mm (conhecida como 25 × 7), 0,70 mm × 30 mm (conhecida como 30 × 7) e 0,80 mm × 30 mm (chamada de 30 × 8).

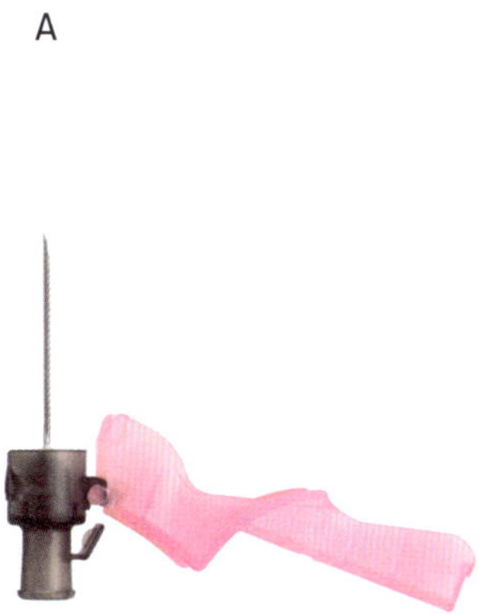

FOTOS 3.11A E 3.11B – Agulha com dispositivo de segurança, que deve ser imediatamente acionado pelo profissional após a utilização da agulha.

Materiais para punção venosa

- **Saf-T-Intima™**. Cateter venoso periférico, do tipo "por fora da agulha". Tem asas de fixação, tubo extensor, dispositivo de segurança e duas vias de acesso. É indicado na terapia intravenosa periférica, para infusões de média duração.

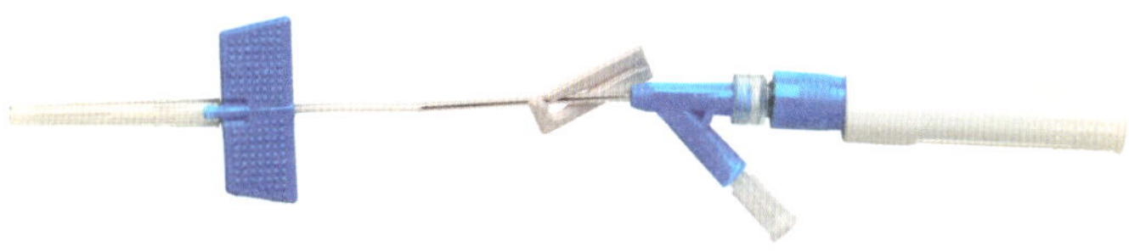

FOTO 3.12 – Cateter Saf-T-Intima™.

- **Insyte™**. Cateter venoso periférico, do tipo "por fora da agulha". Tem dispositivo de segurança e é indicado na terapia intravenosa periférica, para infusões de média duração.

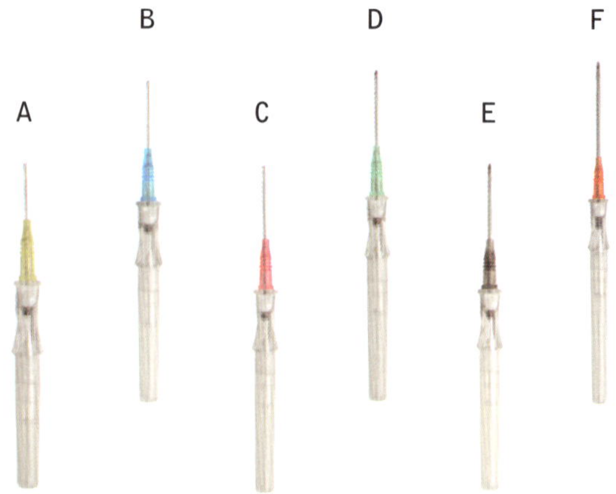

FOTOS 3.13A A 3.13F – Da esquerda para a direita, cateteres Insyte™ 24 (foto 3.13a), 22 (foto 3.13b), 20 (foto 3.13c), 18 (foto 3.13d), 16 (foto 3.13e) e 14 (foto 3.13f).

- **Jelco**. Cateter venoso periférico, do tipo "por fora da agulha". Não há dispositivo de segurança. Após a punção, é preciso ter muita atenção na retirada da veia do paciente/cliente e na colocação na caixa de perfurocortante ou na bandeja de apoio, para evitar acidentes.

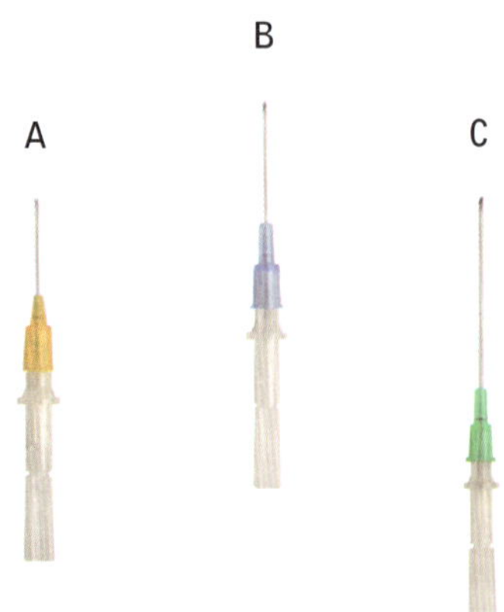

FOTOS 3.14A A 3.14C – Da esquerda para a direita, cateteres Jelco 24 (foto 3.14a), 22 (foto 3.14b) e 18 (foto 3.14c).

Esses três modelos de cateteres que apresentamos necessitam ser acoplados a outros materiais, para evitar vazamento de sangue e de medicamentos e até mesmo proporcionar o aumento de vias sem a necessidade de haver outro cateter. O quadro 3.4 mostra esses materiais.

QUADRO 3.4 – Materiais acoplados a cateteres venosos periféricos e centrais.

Conector valvulado Evita utilização de agulha, proporcionando mais segurança ao profissional de enfermagem. Auxilia na prevenção da infecção de corrente sanguínea. Utilizado tanto em cateteres venosos periféricos como centrais.	
Dânula Funciona como uma "tampinha" para evitar que ocorram vazamentos, seja de sangue, seja de medicamento. Usado tanto em cateteres venosos periféricos como na proteção da extensão de equipos.	
Extensores intermediários de duas vias Possibilita acréscimo de um acesso sem a necessidade de haver outro cateter venoso periférico. Devemos atentar à incompatibilidade medicamentosa. Para evitar os vazamentos, é possível colocar tanto um conector valvulado como as dânulas. Utilizado em cateteres venosos periféricos e centrais.	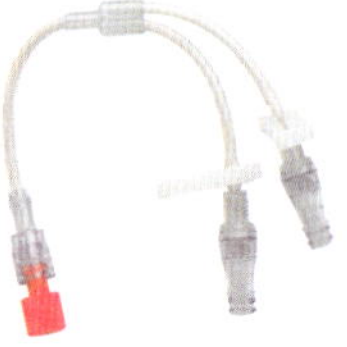
Torneira de três vias Permite o fluxo simultâneo de três vias e, também, a interrupção em qualquer uma das vias.	

- **Escalpe/Scalp.** Dispositivo para infusão intravenosa. É encontrado em numeração (do menor dispositivo para o maior): 27G, 25G, 23G, 21G e 19G.[3] Isso mesmo: quanto maior o número, menor é o calibre da agulha. Ou seja, em pessoas com rede venosa frágil, crianças, bebês e neonatos, a numeração utilizada é de 27G ou 25G. O escalpe é muito usado na coleta de sangue para exames laboratoriais.

3 "G" consiste na unidade de medida do material, indicando o calibre. É uma medida internacional.

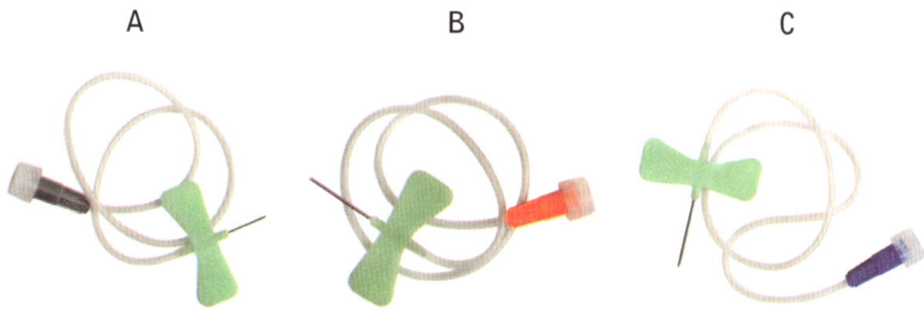

FOTOS 3.15A A 3.15C. – Da esquerda para a direita, escalpes 27G (foto 3.15a), 25G (foto 3.15b) e 23G (foto 3.15c).

▶ **Agulhas para coleta de sangue a vácuo com dispositivo de segurança.** O dispositivo recobre toda a agulha após seu uso.

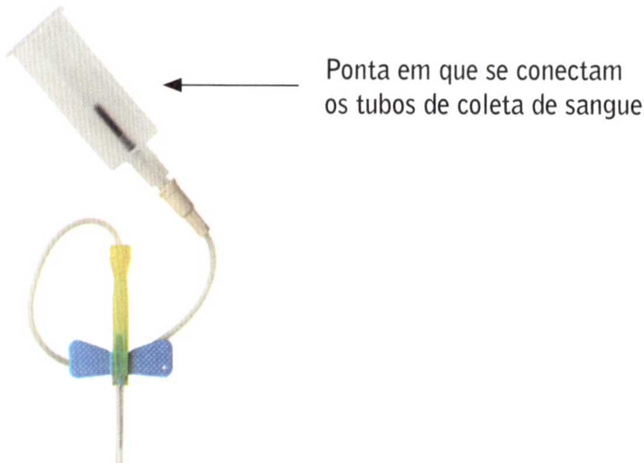

FOTO 3.16 – Agulha para coleta de sangue a vácuo com dispositivo de segurança.

Materiais para cobertura de cateteres venosos

As coberturas de cateteres venosos apresentam variações nos materiais que as compõem. Os diferentes tipos têm indicações também distintas. Mas todas elas devem ser protegidas antes de encaminhar ou realizar o banho do paciente/cliente. As coberturas não são impermeáveis, e a umidade do banho pode prejudicar a fixação.

QUADRO 3.5 – Características de materiais para cobertura de cateteres venosos.

Cobertura para cateter venoso periférico Cobertura de filme de poliuretano, transparente, hipoalergênico, estéril. Possibilita fixação segura. Comumente utilizada em prontos-socorros.	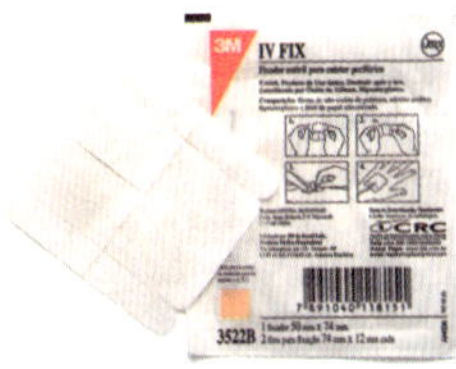 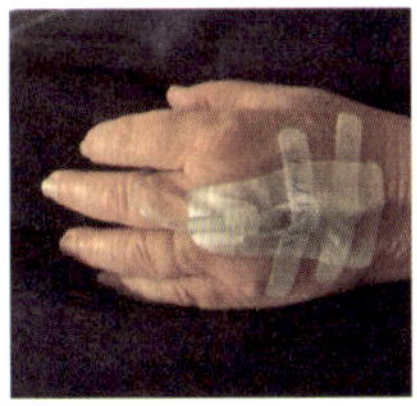
Cobertura para cateter venoso periférico Filme de poliuretano, transparente, hipoalergênico, estéril. Permite visualização e fixação segura. É comum o uso em unidades de internação.	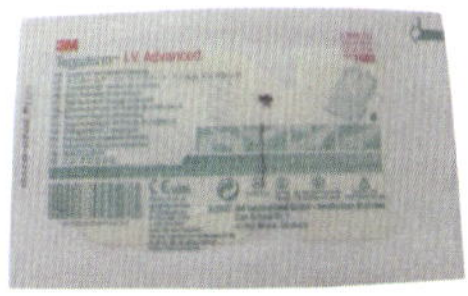
Cobertura para cateter venoso periférico comum em pediatria Curativo composto por película fina e transparente de poliuretano.	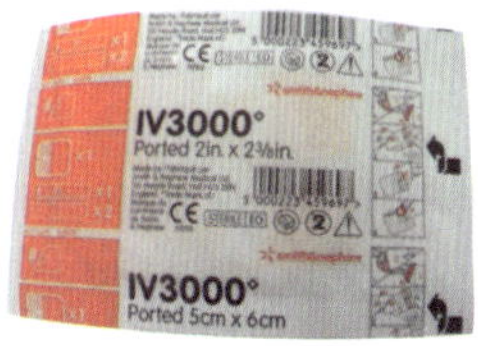
Cobertura para cateter venoso central e cateter central de inserção periférica (PICC) Utilizado para cobrir e proteger o local de inserção dos cateteres e para fixar dispositivos na pele. Tem ação de clorexidina em gel para evitar infecção de corrente sanguínea. Usado também em pacientes/clientes oncológicos, imunodeprimidos e com insuficiência renal crônica, entre outras condições que requerem cuidado específico.	 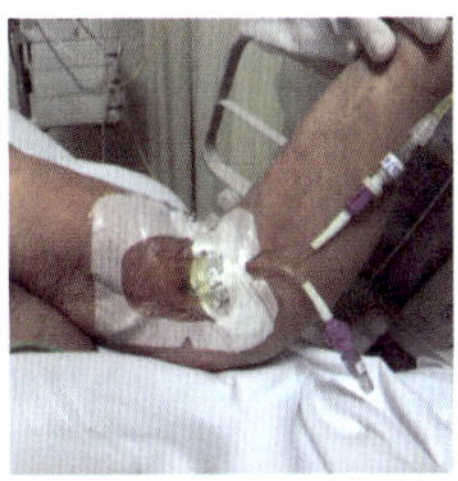

E a fita microporosa e o esparadrapo?

A Agência Nacional de Vigilância Sanitária (Anvisa) afirma que o uso de fitas adesivas não é indicado para a estabilização de cateteres, principalmente por se tratar de uma técnica estéril. Portanto, a cobertura deve ser estéril também.

O uso de esparadrapo é mais complicado, principalmente em crianças, idosos e pessoas de pele friável. Pode haver, além de alergias, o rompimento da pele na retirada do material.

Materiais para infusão de soluções

Os materiais utilizados na infusão de soluções apresentam diferenças de acordo com a administração a ser feita e até em relação à sua composição (por exemplo, equipos sem PVC, para os medicamentos incompatíveis com esse produto). Conhecer essas diferenças é fundamental para administrar o medicamento de forma correta, o que significa segurança do paciente/cliente.

QUADRO 3.6 – Materiais para infusão de soluções.

Equipos para infusões intravenosas gravitacionais – gotas ou macrogotas.	
Equipos para infusões intravenosas gravitacionais – microgotas.	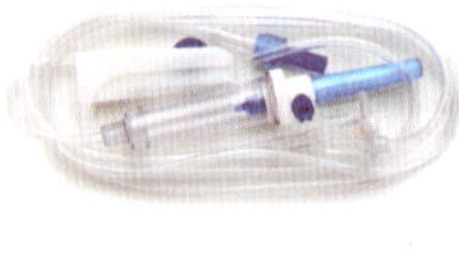

(cont.)

Equipo controlador de fluxo.	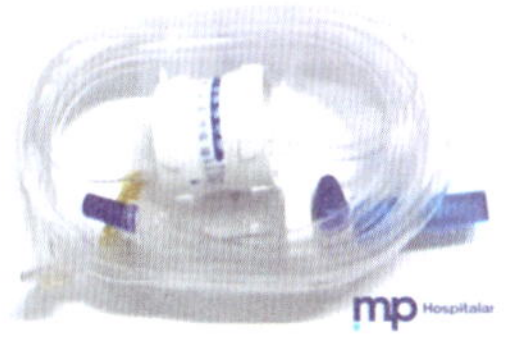
Bureta com equipo – microgotas. Algumas versões apresentam uma válvula flutuante que impede a entrada de ar na câmara graduada após o término da solução.	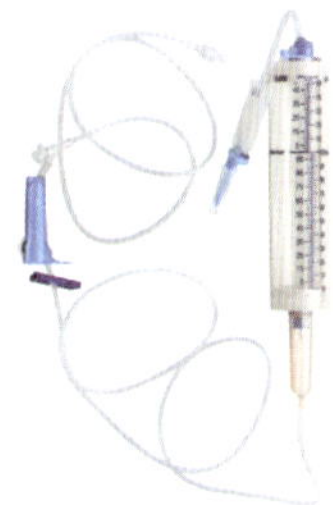
Equipos âmbar para administração de soluções parenterais fotossensíveis e embalagem para colocar bag de soro com medicamento fotossensível.	  

(cont.)

Equipo para bomba de infusão (a principal diferença é a parte mais "espessa", colocada na bomba de infusão contínua).	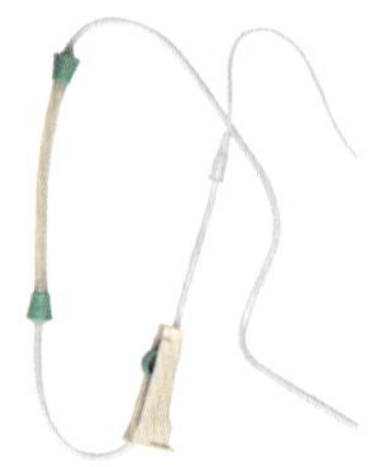

Medicamentos fotossensíveis e medicamentos incompatíveis com PVC

Existem medicamentos que são fotossensíveis. Isso significa que, ao serem expostos à luz (tanto a solar como a artificial), podem sofrer alteração química e ter sua ação comprometida, prejudicando o tratamento do paciente/cliente.

Exemplos de medicamentos fotossensíveis:

- anfotericina B;
- dopamina;
- furosemida (em infusão);
- nitroprussiato de sódio;
- norepinefrina.

Problema semelhante ocorre com medicamentos que sofrem reações físico-químicas quando entram em contato com o PVC, material do qual são feitos muitos dos equipos e bags de soluções. Esse contato com o PVC pode levar a uma alteração na quantidade do fármaco disponível na solução ou liberar elementos tóxicos.

Exemplos de medicamentos incompatíveis com PVC:

- amiodarona;
- ciclosporina;
- diazepam;
- nitroglicerina;
- insulina (quando administrada em bomba de infusão, pode ocorrer adsorção na superfície da bolsa).

Nas duas situações (sensibilidade à luz e incompatibilidade com PVC), a segurança do paciente/cliente é colocada em risco. O quadro 3.7 apresenta os cuidados necessários para evitar esses riscos.

QUADRO 3.7 – Cuidados fundamentais na administração de medicamentos fotossensíveis (sensíveis à luz) e de medicamentos incompatíveis com PVC.

Medicamentos fotossensíveis	Medicamentos incompatíveis com PVC
1. Procure saber quais são os medicamentos sensíveis à luz, consultando as listas sobre eles no serviço de saúde ou na farmácia local. Na internet, acesse apenas os sites de instituições reconhecidas.	1. Procure saber quais são os medicamentos incompatíveis com PVC, consultando as listas sobre eles no serviço de saúde ou na farmácia local. Na internet, acesse apenas os sites de instituições reconhecidas.
2. Solicite um equipo fotossensível e uma capa protetora.	2. Solicite um equipo isento de PVC e confirme com a farmácia se a bolsa de soro fisiológico também é PVC free.
3. Só administre o medicamento com o equipo fotossensível + capa protetora. Essa é a única forma de garantir que o paciente/cliente receba o medicamento corretamente.	3. Só administre o medicamento com bolsa isenta de PVC + equipo isento de PVC. Caso esses materiais não estejam disponíveis na instituição, toda a solução com bag de soro e equipos deverá ser trocada periodicamente, conforme protocolos institucionais e validação com a farmácia. Essa é a única forma de garantir que o paciente/cliente receba o medicamento corretamente.

Tipos de solução

As soluções são líquidos com finalidade terapêutica, compatíveis com o sangue, e medicamentos administrados aos pacientes/clientes que podem ou não estar acrescidos de outros medicamentos (neste caso, a solução pode atuar como diluente e como "veículo" para a administração do fármaco). Existem diversos tipos de solução nos serviços de saúde. É fundamental conhecer a aplicação de cada uma, até porque as formas de apresentação podem ser muito semelhantes.

Solução fisiológica – cloreto de sódio 0,9%

O nome desta solução se deve ao fato de que, a cada 100 mL de água destilada (AD), há 0,9 g de cloreto de sódio. A solução fisiológica 0,9% é chamada também de soro fisiológico, de SF 0,9% ou apenas de SF. Trata-se de uma solução injetável, estéril, para ser administrada por via intravenosa. Pode ser encontrada nas seguintes apresentações:

- flaconete ou ampola plástica de 10 mL;
- bags (bolsas plásticas) de 50 mL, de 100 mL, de 250 mL, de 500 mL e de 1.000 mL (ou seja, 1 L). Existem diferentes tipos de bolsa. O importante é **sempre ler o rótulo** e manter o sistema estéril.

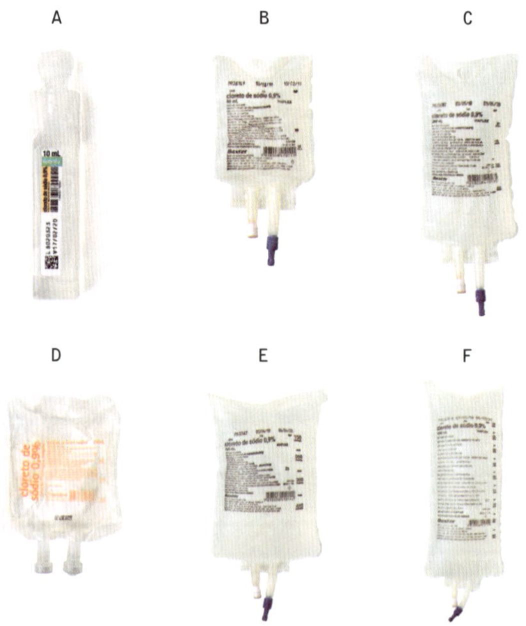

FOTOS 3.17A A 3.17F – Apresentações da solução fisiológica 0,9%: flaconete ou ampola plástica de 10 mL (foto 3.17a) e bags de 50 mL (foto 3.17b), de 250 mL (fotos 3.17c e 3.17d), de 500 mL (foto 3.17e) e de 1.000 mL (foto 3.17f).

O SF 0,9% é utilizado como **diluente para diversos tipos de medicamento**. Também é usado para a reposição de água e eletrólitos, como sódio e cloreto, importantes para diversos processos fisiológicos, entre eles o funcionamento adequado do sistema nervoso central, do coração e dos rins.

SERINGAS PARA PERMEABILIZAÇÃO DE CATETERES

Existem seringas que já vêm preenchidas com solução fisiológica. Elas otimizam o tempo da equipe de enfermagem no preparo e na administração de medicamentos. Alguns hospitais apresentam essa possibilidade.

FOTO 3.18 – Seringa já preenchida com SF 0,9%, para permeabilizar cateteres.

Soro glicofisiológico

Solução injetável de glicose a 5% + solução de cloreto de sódio a 0,9%

O nome desta solução se deve ao fato de que, a cada 100 mL de água destilada/água para injeção, há 5 g de glicose (solução de glicose 5%) e 0,9 g de cloreto de sódio (solução de cloreto de sódio a 0,9%). É chamado de soro glicofisiológico, muito utilizado nos cálculos de transformação de soro. Trata-se de uma solução injetável, estéril, para ser usada exclusivamente por via intravenosa. Pode ser encontrada em bags ou bolsas plásticas de 250 mL, de 500 mL ou de 1.000 mL.

Atenção: quando houver a necessidade de adição de outros medicamentos à bag, verificar se há incompatibilidade entre o medicamento e a solução.

A solução de soro glicofisilógico **fornece energia, água e eletrólitos**. Dessa forma, é indicada para o tratamento de hipoglicemia, desidratação e quando há necessidade de reposição de eletrólitos. Tem contraindicação em paciente em coma diabético e hiperglicemia (alto nível de açúcar no sangue), assim como em disfunções cardíacas e renais acompanhadas de edemas (inchaço), hipernatremia (baixo nível de sódio no sangue) ou retenção de líquido.

Solução de glicose 5% e solução de glicose 10%

O nome desta solução se deve ao fato de que, a cada 100 mL de água destilada, há 5 g de glicose (solução de glicose 5%) ou 10 g de glicose (solução de glicose 10%). Conforme a concentração, é chamada também de soro glicosado 5% ou soro glicosado 10% e de SG 5% ou SG 10%. Trata-se de uma solução injetável, estéril, para ser usada exclusivamente por via intravenosa. Pode ser encontrada em bags ou bolsas plásticas de 250 mL, de 500 mL ou de 1.000 mL.

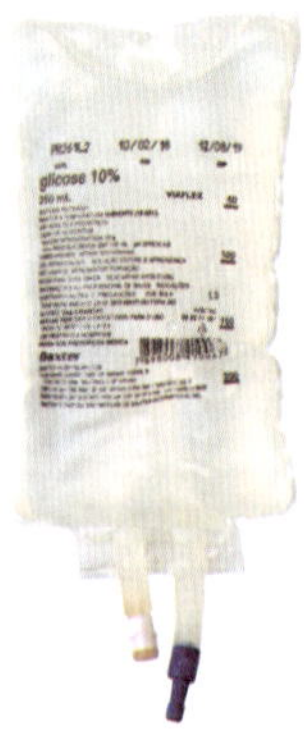

FOTO 3.19 – Solução de glicose 10%, em apresentação de bag de 250 mL. Assim como no caso do SF, as apresentações podem variar. É fundamental ler o rótulo, para evitar erros de administração.

A solução de glicose **fornece água e calorias**. Por essa razão, é usada em casos de desidratação e hipoglicemia (diminuição do nível de glicose no sangue), para reposição calórica e também como solução para diluir medicamentos compatíveis.

Atenção: o SG não deve ser utilizado em casos de hiper-hidratação, diabetes, acidose, desidratação hipotônica e hipocalemia.

> Algumas dessas embalagens de soro, independentemente da composição, podem ter uma embalagem secundária para aumentar a proteção. Devemos iniciar abrindo essa embalagem secundária. Há sempre um local indicado pelo fabricante. Em caso de dificuldade, devemos utilizar uma tesoura, tomando cuidado para não cortar a embalagem primária.

COMO MANUSEAR

Existem bags de soro com apenas um local (sítio) para conectar o equipo. Essas bags são utilizadas em situações nas quais o paciente/cliente receberá a infusão apenas do conteúdo da bolsa, ou seja, apenas o soro.

Há também bags com dois sítios, utilizadas para a administração de medicamentos. Assim, um sítio é usado para a conexão do equipo, e o outro o profissional utiliza para conectar a seringa pela qual o medicamento é injetado no soro.

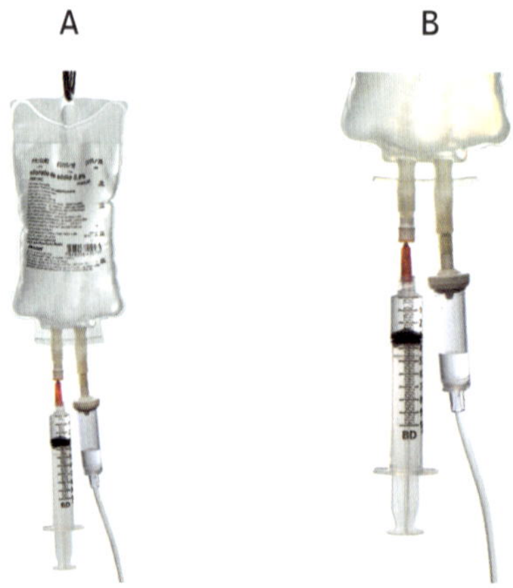

FOTOS 3.20A E 3.20B – Bags de soro com dois sítios, para a conexão ao equipo e para a introdução de medicamento.

Infusão apenas da solução contida na bag

1. Abra o equipo necessário para a infusão, mantendo a técnica asséptica.
2. Retire o lacre do local indicado para conectar o equipo (sítio).
3. Conecte o equipo e o preencha de forma segura, sem a presença de bolhas.
4. Identifique a bag com etiquetas contendo os dados do paciente/cliente, a prescrição médica e a prescrição de enfermagem.
5. Coloque a etiqueta de data de abertura do equipo, conforme o protocolo institucional.
6. Realize os passos de segurança do paciente/cliente para a administração (ver p. 163).

Infusão da solução da bag acrescida de medicamentos

1. Inicie verificando se os medicamentos que precisarão ficar juntos são compatíveis. Você pode consultar o guia farmacológico da instituição ou ainda o enfermeiro ou o farmacêutico.
2. A bag de soro deve ter dois sítios: um para conectar o equipo, com proteção, e outro, geralmente com borracha, para a administração de medicamento.
3. Faça a desinfecção do sítio destinado à administração de medicamento. Utilize álcool 70% na forma de swab ou com algodão.
4. Misture os medicamentos completamente, com movimentos delicados, sem chacoalhar.
5. Abra o equipo necessário para a infusão, mantendo a técnica asséptica.
6. Retire o lacre do sítio indicado para conectar o equipo.
7. Identifique a bag com etiquetas contendo os dados do paciente/cliente, a prescrição médica e a prescrição de enfermagem.
8. Coloque a etiqueta de data de abertura do equipo, conforme o protocolo institucional.
9. Realize os passos de segurança do paciente/cliente para a administração (ver p. 163).

Glicose 25% e 50%

As soluções de glicose 25% e 50% recebem esse nome conforme a concentração: a cada 100 mL de água destilada existem, respectivamente, 25 g e 50 g de glicose. São chamadas de **soluções de glicose hipertônicas**.

São soluções injetáveis, estéreis, para administração por via intravenosa, junto com outras soluções. As duas formas de concentração de glicose são encontradas em flaconetes ou ampolas plásticas de 10 mL.

As soluções de glicose hipertônicas são consideradas medicamentos de alta vigilância (ver p. 157) e têm uso controlado nos serviços de saúde. São utilizadas para tratamento da hipoglicemia insulínica (hiperinsulinemia ou choque insulínico), assim como para restaurar os níveis de glicose sanguínea e no tratamento da hipoglicemia alcoólica.

As soluções de glicose 25% e 50% devem ser administradas por uma **veia central maior**, em razão do risco para flebite e trombose. No tratamento de emergência da hipoglicemia, pode ser necessário usar uma veia periférica, mas a solução deve ser administrada com bastante cuidado. Recomenda-se que, ao utilizar a concentração de 50%, sejam administrados 3 mL/min.

QUADRO 3.8 – Etapas da abertura de flaconetes ou ampolas plásticas.

1. Posicione a cartela de flaconetes ou ampolas plásticas com o lacre de abertura para cima.	
2. Destaque o flaconete ou a ampola de baixo para cima.	
3. Após o destaque do flaconete ou da ampola, rompa o lacre de abertura.	
4. Empurre a parte superior para a frente e para trás.	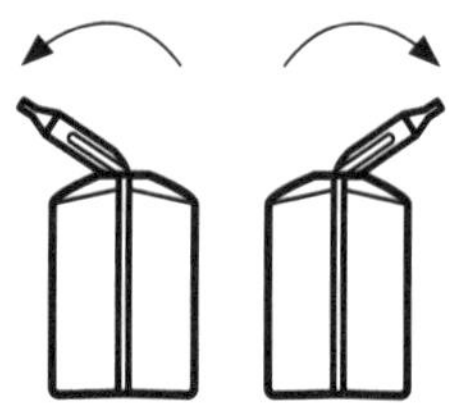
5. Gire a parte superior para o lado direito.	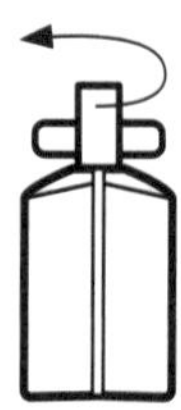

Fonte: adaptado de Anvisa (2020a, p. 8).

Água para injeção

Trata-se de solução injetável, estéril, límpida, hipotônica, para ser administrada por via intravenosa. Pode ser encontrada nestas apresentações:

- flaconetes ou ampolas plásticas de 5 mL e de 10mL;
- bags ou bolsas plásticas de 50 mL, de 100 mL, de 250 mL, de 500 mL e de 1.000 mL.

Esta solução é utilizada na **diluição** ou na **dissolução de diversos medicamentos** compatíveis com a água para injeção.

Atenção: em razão das características químicas, a água para injeção não deve ser administrada diretamente por via intravenosa (ou seja, sem estar misturada a algum medicamento). Podem ocorrer hemólise (quebra das hemácias) e desordens eletrolíticas.

Outra possibilidade é usar água destilada no preparo, se indicado pelos guias farmacológicos.

Manitol (solução de manitol 20%)

É uma solução injetável, estéril, límpida, hipotônica. Pode ser encontrada em bags ou bolsas plásticas de 250 mL, e seu uso deve ser intravenoso.

Este medicamento é indicado para estimulação da diurese (eliminação de urina); prevenção da falência renal aguda (parada de funcionamento dos rins) durante cirurgias cardiovasculares e/ou após trauma; redução da pressão intracraniana (cerebral) e tratamento do edema cerebral; redução da pressão intraocular elevada quando esta não pode ser reduzida por outros meios; ataque de glaucoma; promoção da excreção urinária de substâncias tóxicas; edema cerebral de origem cardíaca e renal.

Atenção: esta solução não deve ser utilizada em pacientes com anúria total (ausência de produção de urina), descompensação cardíaca grave (problemas graves de coração), hemorragia intracraniana ativa (derramamento de sangue no cérebro), desidratação (perda de líquido) severa e edema pulmonar.

O extravasamento da solução pode causar edema (inchaço) e necrose da pele. A infusão também pode levar ao desenvolvimento de tromboflebite (formação de coágulo e inflamação das veias).

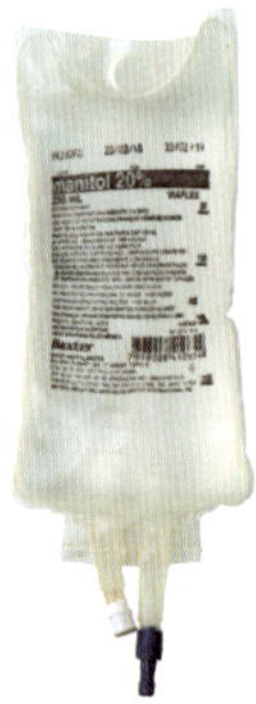

FOTO 3.21 – Manitol 20%, em apresentação de bag de 250 mL.

Bicarbonato de sódio

É uma solução injetável, estéril. Pode ser encontrada nas seguintes apresentações e concentrações:

- bicarbonato de sódio 50 mg/mL (5%): frascos plásticos de 250 mL;
- bicarbonato de sódio 84 mg/mL (8,4%): ampolas de vidro incolor de 10 mL, frascos plásticos de 250 mL e flaconetes ou ampolas plásticas de 10 mL;
- bicarbonato de sódio 100 mg/mL (10%): ampolas de vidro incolor de 10 mL, frascos plásticos de 250 mL e flaconetes ou ampolas plásticas de 10 mL.

FOTO 3.22 – Bicarbonato de sódio 8,4%, em apresentação de ampola plástica de 10 mL.

Este medicamento é utilizado em parada cardíaca, acidose metabólica (aumento da acidez no organismo) nos casos de diabetes, diarreia, uremia (elevação da ureia no sangue) e acidose lática, entre outros casos.

Atenção: o bicarbonato de sódio é incompatível em administração em Y com diversos outros medicamentos. Consulte sempre a tabela de interação medicamentosa ou o farmacêutico.

Solução de ringer (ringer simples)

Esta é uma solução injetável, estéril, límpida, hipotônica, composta por cloreto de sódio + cloreto de potássio + cloreto de cálcio di-hidratado. Pode ser encontrada em bags ou bolsas plásticas de 250 mL, de 500 mL e de 1.000 mL.

A solução de ringer (lê-se "ringuer") é utilizada na reidratação e no restabelecimento do equilíbrio hidroeletrolítico, quando há perda de líquidos e dos íons cloreto, sódio, potássio e cálcio.

Atenção: este medicamento é incompatível em administração em Y com diversos outros medicamentos. Consulte sempre a tabela de interação medicamentosa ou o farmacêutico.

FOTO 3.23 – Ringer simples, em apresentação de bag de 500 mL.

Ringer lactato

Trata-se de uma solução injetável, estéril, límpida, hipotônica, composta por cloreto de sódio + cloreto de potássio + cloreto de cálcio + lactato de sódio. Pode ser encontrada em bags ou bolsas plásticas de 250 mL, de 500 mL e de 1.000 mL, e deve ser utilizada por via intravenosa.

O ringer lactato é usado na reidratação e no restabelecimento do equilíbrio hidroeletrolítico, quando há perda de líquidos e dos íons cloreto, sódio, potássio e cálcio, e para prevenção e tratamento da acidose metabólica.

Atenção: este medicamento é incompatível em administração em Y com diversos outros medicamentos. Consulte a tabela de interação medicamentosa ou o farmacêutico.

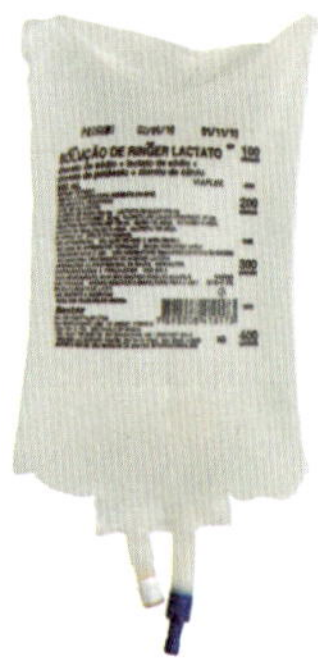

FOTO 3.24 – Ringer lactato, em apresentação de bag de 500 mL.

Materiais de apoio

A depender da técnica de administração, podemos precisar dos materiais de apoio apresentados no quadro 3.9.

QUADRO 3.9 – Materiais de apoio à administração de medicamentos.

Kit de inalação. Composto por copo + máscara + extensão.	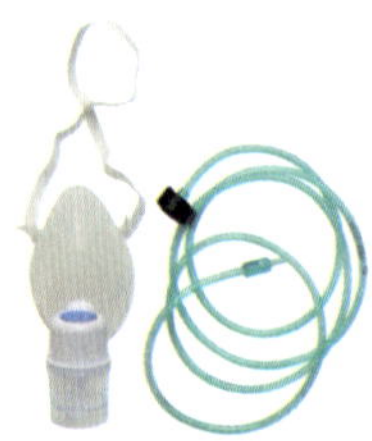

(cont.)

Bomba de infusão contínua (BIC). Trata-se de uma bomba de infusão volumétrica. Temos a monocanal, que aceita a administração de um medicamento, e a multicanal, que possibilita a administração de dois ou mais medicamentos e é geralmente utilizada em unidades críticas, como Unidade de Terapia Intensiva (UTI). Todas fazem uso de equipo próprio para bomba de infusão. Os modelos atuais são dotados de sistema de segurança que permite a detecção de bolhas de ar e oclusão. Além disso, possuem precisão no controle do gotejamento. Podem ser usados em todos os tipos de paciente/cliente, de qualquer faixa etária.	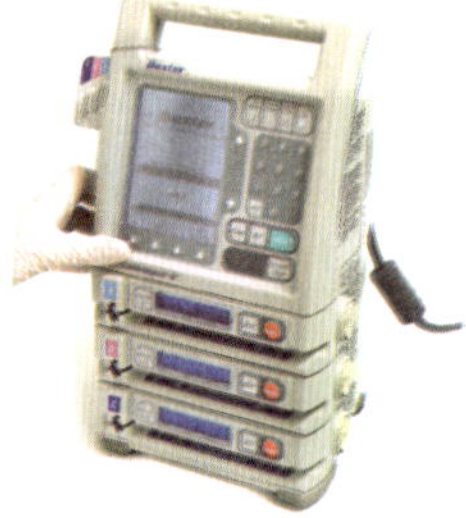
Álcool swab. Constituído de TNT umedecido em álcool isopropílico a 70% e embalado individualmente em papel não inflamável, é estéril, antialérgico e previne infecções. No dia a dia, utilizamos o álcool swab para a desinfecção de materiais e a antissepsia da pele.	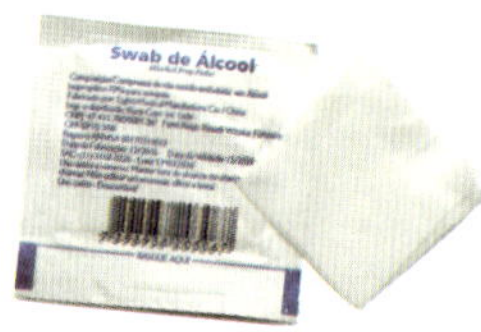
Curativo após injeção. Usamos após injeções ou punções.	
Garrote. Utilizado para bloquear temporariamente o fluxo sanguíneo, para a punção venosa. Existem diversos modelos de garrote. Devemos ter atenção às peles mais sensíveis, como a de crianças e a de idosos. **Atenção: luva de procedimento não é garrote**. Seja um profissional preparado. Tenha um garrote de qualidade para que sua assistência não seja comprometida.	

4 Formas de apresentação dos medicamentos

Podemos encontrar diversos formatos, cores e apresentações dos medicamentos. Mas, antes de vermos esses tipos, é preciso saber:

O que é medicamento?

Segundo o art. 4º, inciso II, da Lei nº 5.991/73, medicamentos "são produtos farmacêuticos, tecnicamente obtidos ou elaborados, com finalidade profilática, curativa, paliativa ou para fins de diagnóstico" (Brasil, 1973).

Podemos encontrar os medicamentos, basicamente, nas seguintes formas:

- **Sólidos**. Exemplos: cápsula, comprimido, drágea, óvulo vaginal, pó, supositório.
- **Líquidos**. Exemplos: elixir, emulsão líquida, extrato fluido oral, solução, suspensão, xarope.
- **Gasosos**. Exemplo: gás para inalação.
- **Semissólidos**. Exemplos: creme, gel, pomada.

Mais à frente neste capítulo, vamos destacar algumas particularidades de dois dos medicamentos sólidos mais comuns – a cápsula e o comprimido. Os tipos de cápsulas, embora semelhantes na aparência, podem apresentar administrações bem diferentes entre si. Quanto aos comprimidos, pode ser necessário dividir a dose que cada um deles apresenta, e esse procedimento exige alguns cuidados.

O detalhamento dos diversos formatos, tipos e apresentações dos medicamentos pode ser conhecido no *Vocabulário controlado de formas farmacêuticas, vias de administração e embalagens de medicamentos*, da Agência Nacional de Vigilância Sanitária (2011). Para o propósito deste livro, sintetizamos a informação e reunimos, no quadro 4.1, as definições da Anvisa sobre as apresentações de medicamentos citadas no início deste capítulo. O quadro também traz as vias de administração desses medicamentos (as técnicas referentes às vias de administração são tema do capítulo 7).

#LEIATUDO

Vocabulário controlado de formas farmacêuticas, vias de administração e embalagens de medicamentos (Anvisa).

Disponível em: https://tinyurl.com/2w7cpfue

QUADRO 4.1 – Exemplos de apresentações de medicamentos e vias de administração relacionadas.

Forma do medicamento	Apresentação	Definição segundo a Anvisa	Abreviatura	Via(s) de administração
Sólida	Cápsula	Forma sólida na qual o princípio ativo e/ou os excipientes estão contidos em um invólucro solúvel duro ou mole, usualmente contendo uma dose única do princípio ativo.	CAP	Oral, orofaríngea, respiratória, retal e vaginal
	Comprimido	Forma sólida contendo uma dose única de um ou mais princípios ativos, com ou sem excipientes, obtida pela compressão de volumes uniformes de partículas.	COM	Oral, orofaríngea, respiratória, retal, sublingual e vaginal
	Drágea (sinônimo de comprimido revestido)	Comprimido que possui uma ou mais camadas finas de revestimento, destinadas a proteger o fármaco do ar ou da umidade, para fármacos com odor e sabor desagradáveis, para melhorar a aparência dos comprimidos ou para alguma outra propriedade que não seja a de alterar a velocidade ou extensão da liberação do princípio ativo.	DRG, DG, COM REV (de "comprimido revestido")	Oral
	Óvulo vaginal	Forma sólida de dose única contendo um ou mais princípios ativos dispersos ou dissolvidos em uma base adequada que tem vários formatos, usualmente ovoide, com volume e consistência adequados para inserção na vagina. Dissolve na temperatura do corpo.	OVL VAG	Vaginal
	Pó	Forma sólida contendo um ou mais princípios ativos secos e com tamanho de partícula reduzido, com ou sem excipientes.	PO	Intramuscular, intravenosa, nasal, oftálmica, oral, orofaríngea, respiratória, retal, subcutânea, sublingual e tópica (ou cutânea). Cada via de administração exige um preparo desta forma de apresentação.

(cont.)

Forma do medicamento	Apresentação	Definição segundo a Anvisa	Abreviatura	Via(s) de administração
	Supositório	Forma sólida de vários tamanhos e formatos, adaptados para introdução no orifício retal, no vaginal ou no uretral, contendo um ou mais princípios ativos dissolvidos em uma base adequada. Eles usualmente se fundem, derretem ou dissolvem na temperatura do corpo.	SUP	Retal, uretral e vaginal.
Líquidas	Elixir	Solução hidroalcoólica de sabor agradável e adocicado, apresentando teor alcoólico na faixa de 20% a 50%.	ELX	Oral
	Emulsão líquida	Forma líquida de um ou mais princípios ativos que consiste em um sistema de duas fases que envolvem pelo menos dois líquidos imiscíveis e na qual um líquido é disperso na forma de pequenas gotas (fase interna ou dispersa) através de outro líquido (fase externa ou contínua). Normalmente, é estabilizada por meio de um ou mais agentes emulsificantes.	EMU LIQ	Intramuscular, intravenosa, nasal, oral, orofaríngea, otológica, respiratória, retal, subcutânea e tópica (ou cutânea). Cada via de administração exige um preparo desta forma de apresentação.
	Extrato fluido oral	Solução obtida de princípios ativos vegetais ou animais por extração com líquido apropriado ou por dissolução do extrato seco correspondente.	EXT FL OR	Oral
	Solução	Forma líquida límpida e homogênea, que contém um ou mais princípios ativos dissolvidos em um solvente adequado ou em uma mistura de solventes miscíveis.	SOL	Intramuscular, intravenosa, nasal, oftálmica, orofaríngea, otológica, respiratória, retal, sublingual, tópica (ou cutânea) e vaginal. Cada via de administração exige um preparo desta forma de apresentação.

(cont.)

Forma do medicamento	Apresentação	Definição segundo a Anvisa	Abreviatura	Via(s) de administração
	Suspensão	Forma líquida que contém partículas sólidas dispersas em um veículo líquido, no qual as partículas não são solúveis.	SUS	Intramuscular, intravenosa, nasal, oftálmica, oral, otológica, respiratória, retal, subcutânea, tópica (ou cutânea) e vaginal. Cada via de administração exige um preparo desta forma de apresentação.
	Xarope	Solução contendo alta concentração de sacarose ou de outros açucares. O termo tem sido utilizado também para incluir qualquer outra forma farmacêutica líquida preparada em um veículo doce e viscoso, incluindo suspensões orais.	XPE	Oral
Gasosa	Gás para inalação	Gás destinado à administração pelo sistema respiratório para obter um efeito local ou sistêmico.	GAS INAL	Respiratória
Semissólida	Creme	Forma semissólida que consiste em uma emulsão formada por uma fase lipofílica e uma fase aquosa. Contém um ou mais princípios ativos dissolvidos ou dispersos em uma base apropriada. Utilizada normalmente para aplicação externa na pele ou nas membranas mucosas.	CREM	Oftálmica, orofaríngea, retal, tópica (ou cutânea) e vaginal.
	Gel	Forma semissólida de um ou mais princípios ativos, que contém um agente gelificante.	GEL	Nasal, oftálmica, oral, orofaríngea, tópica (ou cutânea), uretral e vaginal.
	Pomada	Forma semissólida para aplicação na pele ou nas membranas mucosas, que consiste em solução ou dispersão de um ou mais princípios ativos em baixas proporções em uma base adequada, usualmente não aquosa.	POM	Nasal, oftálmica, orofaríngea, otológica, retal e tópica (ou cutânea).

Fonte: adaptado de Anvisa (2007).

Detalhamentos importantes sobre alguns medicamentos sólidos

Cápsula

Como vimos no quadro 4.1, a cápsula consiste em uma forma farmacêutica na qual o princípio ativo e/ou os excipientes estão contidos em um invólucro solúvel, que pode ser duro ou mole e ter formatos e tamanhos variados. Esse invólucro geralmente é formado por gelatinas.

Importante: **as cápsulas formadas por duas partes não devem ter essas partes separadas**. Caso isso seja feito, o fármaco perderá a ação, pois estará sem a proteção necessária para ser metabolizado no local correto. Exceção pode existir caso a bula do medicamento oriente a abertura da cápsula.

Caso o paciente/cliente apresente dificuldade em deglutir uma cápsula, devemos entrar em contato com o farmacêutico e o médico, para buscar outra estratégia.

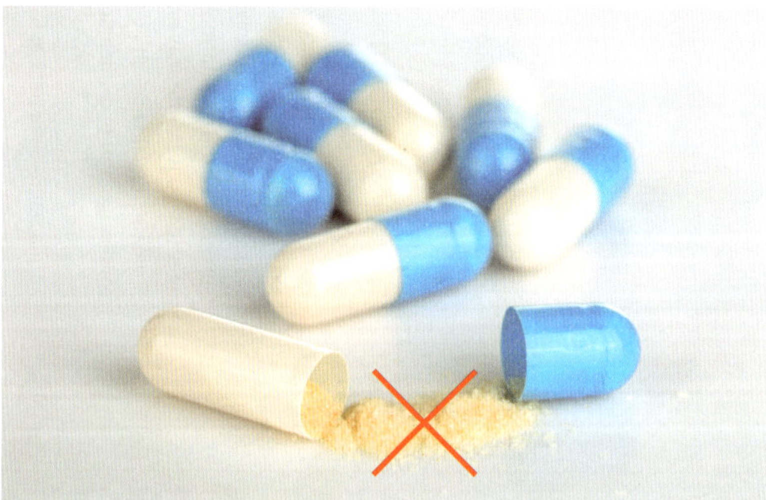

FOTO 4.1 – Cápsula aberta: as partes não devem ser separadas.

A maior parte das cápsulas tem indicação para ser administrada por via oral. Por exemplo: cápsula gelatinosa dura ou mole, cápsula gelatinosa dura ou mole de liberação prolongada, cápsula gelatinosa dura ou mole de liberação retardada.

Existem também outros tipos de cápsula, que devemos administrar em outras vias, segundo orientações dos fabricantes e farmacêuticos, como mostra o quadro 4.2.

QUADRO 4.2 – Diferenças entre cápsulas.

Cápsula bucal Cápsula gelatinosa mole, que deve ser mastigada ou chupada, formulada para ter liberação lenta e ação local do princípio ativo em uma parte definida da boca.	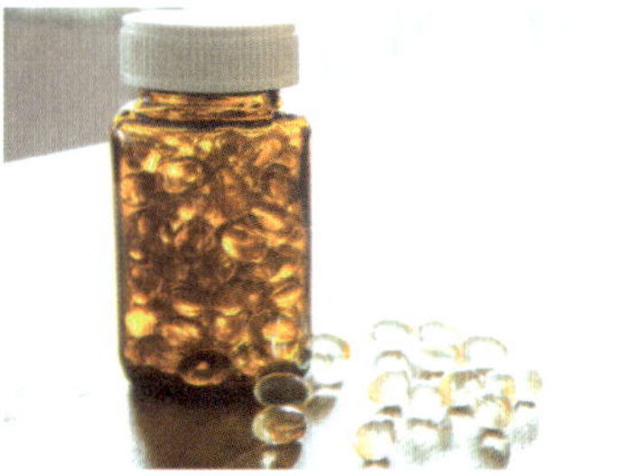
Cápsula para inalação Para uso em inaladores especiais. Inclui todas as cápsulas contendo pó para inalação. A inalação é realizada por meio da administração do princípio ativo pela via respiratória nasal ou oral, para efeito local ou sistêmico.	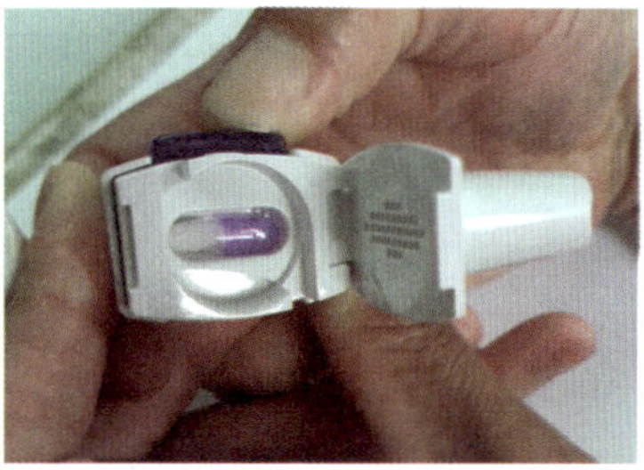
Cápsula retal Semelhante às cápsulas moles, tem revestimento lubrificante, de formato alongado e liso. A aparência externa é uniforme.	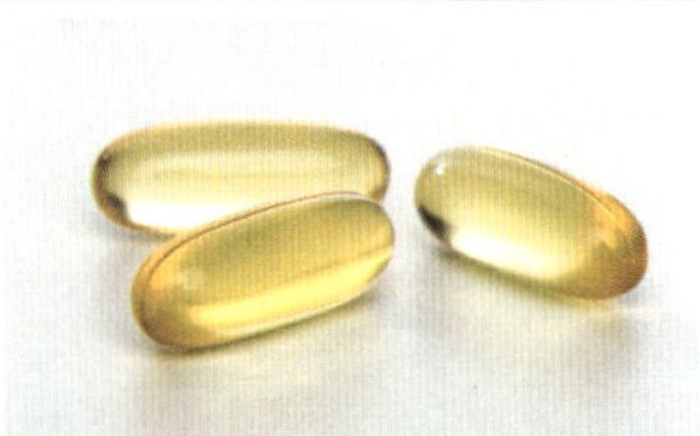
Cápsula vaginal Semelhante às cápsulas moles, é usualmente ovoide, lisa e com aparência externa uniforme. Destinada à administração na vagina.	

Fonte: adaptado de Anvisa (2007).

Percebeu como as cápsulas podem ser parecidas e, ao mesmo tempo, ter administrações totalmente diferentes? Portanto, não pule etapas! Leia sobre os medicamentos para esclarecer qualquer dúvida antes da administração.

Comprimido

O comprimido, conforme vimos no quadro 4.1, é a forma farmacêutica sólida obtida pela compressão de volumes uniformes de partículas. Pode ser de uma ampla variedade de tamanhos e formatos. Além disso, pode apresentar marcações na superfície e ser revestido ou não. As drágeas, por exemplo, são comprimidos revestidos.

Além da drágea, temos como exemplos de comprimidos:

- comprimido sublingual;
- efervescente;
- mastigável;
- multicamadas de liberação prolongada;
- revestido de liberação prolongada;
- solúvel;
- para colutório (enxágue bucal);
- para inalação;
- para solução retal;
- para solução vaginal.

Os comprimidos podem apresentar sulcos, direcionando o profissional de enfermagem de que é segura a repartição. A repartição costuma ser realizada para:

- acertar a dose;
- facilitar o processo de deglutição pelo paciente/cliente;
- facilitar a maceração para administração por via sonda nasoenteral (ver p. 117).

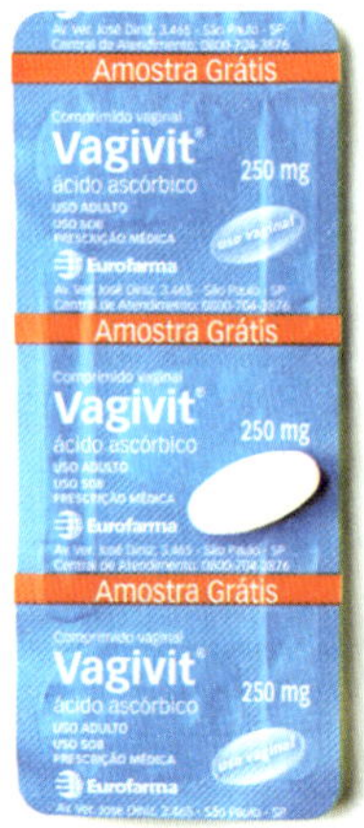

FOTO 4.2 – Exemplo de comprimido vaginal.

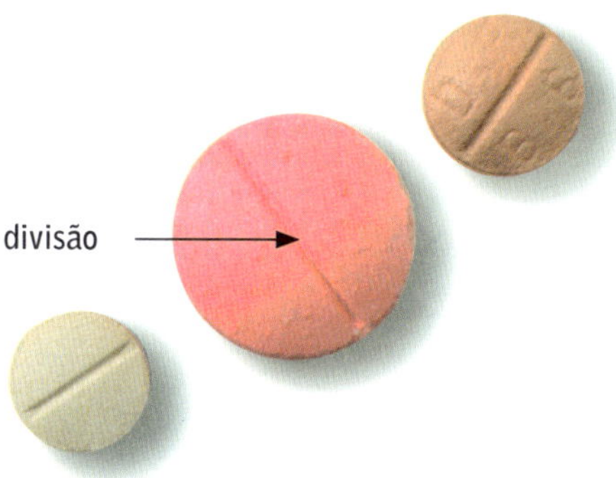

FOTO 4.3 – Exemplos de comprimidos com sulco, para ser feita a repartição.

Essa é a melhor situação que pode ser encontrada para repartir medicamento.

Mesmo assim, devemos evitar diversas repartições, pois a cada vez que esse processo é realizado pode ocorrer variação na dose por perda do medicamento. Em caso de dúvida, recorra sempre ao enfermeiro, ao guia farmacológico da instituição e ao farmacêutico.

Prescrição de enfermagem e prescrição médica

5

Prescrição de enfermagem

Como dissemos anteriormente, o art. 4º da Lei nº 7.498/86 (a Lei do Exercício Profissional) afirma que "a programação de Enfermagem inclui a prescrição da assistência de Enfermagem" (Brasil, 1986).

A prescrição de enfermagem faz parte da já citada Sistematização da Assistência da Enfermagem e é privativa do enfermeiro, ou seja, só ele pode fazê-la. Nesta etapa da sistematização, o enfermeiro prescreve os cuidados individualizados para cada paciente/cliente, inclusive inserindo-os em protocolos.

Você deve sempre consultar primeiro a prescrição de enfermagem para, depois, realizar a prescrição médica. Lá poderá haver informações capazes de fazer com que você mude a estratégia na administração de medicamento.

A prescrição de enfermagem exige checagem e anotação, assim como a prescrição médica.

Você poderá encontrar prescrição de enfermagem manual ou eletrônica. O conteúdo deve ser o mesmo: devem estar prescritos cuidados de enfermagem condizentes aos diagnósticos de enfermagem em consonância com os protocolos institucionais.

O quadro 5.1 apresenta informações comuns em uma prescrição de enfermagem. São informações relacionadas com o tema deste livro (ou seja, a administração de medicamento).

QUADRO 5.1 – Exemplos de prescrições de enfermagem relacionadas à administração de medicamentos.

Datar equipos e conectores.	M T N
Observar e comunicar presença de sinais flogísticos[1] na inserção do CVP (ou do CVC ou do PICC), extravasamento ou infiltração.	M T N
Proteger CVP (ou CVC ou PICC) e curativos durante o banho.	M
Realizar desinfecção de conector valvulado antes da administração de medicamentos/soluções, com álcool 70%.	M T N
Permeabilizar cateter venoso antes e após a administração de medicamentos com 5 mL de SF 0,9%.[2]	M T N
Realizar troca de conector valvulado.	A cada 96 h
Não puncionar em MSE.	M T N
Verificar PA e FC antes da administração de anti-hipertensivo.	M T N

M = MANHÃ; T = TARDE; N = NOITE; CVP = CATETER VENOSO PERIFÉRICO; CVC = CATETER VENOSO CENTRAL; PICC = CATETER CENTRAL DE INSERÇÃO PERIFÉRICA; SF = SORO FISIOLÓGICO; MSE = MEMBRO SUPERIOR ESQUERDO; PA = PRESSÃO ARTERIAL; FC = FREQUÊNCIA CARDÍACA.

Perceba que as prescrições de enfermagem não têm horário fixo. São destinadas aos plantões. Você deverá realizar todos os itens, checar e anotar que realizou.

Agora, imagine que esteja prescrito um medicamento via intravenosa, mas você não leu o penúltimo item do exemplo do quadro 5.1, que é "Não puncionar em MSE", e puncionou justamente naquele membro, pois "achou mais fácil a veia". Depois descobre que a paciente/cliente havia feito mastectomia com esvaziamento axilar à esquerda, que é uma das contraindicações absolutas para puncionar CVP. Por isso, leia com atenção a prescrição antes de preparar e administrar o medicamento, e sua assistência será de excelência!

1 Sinais flogísticos: calor, rubor (vermelhidão), edema, dor, exsudato purulento.

2 Depende da idade e das condições clínicas do paciente. Ver mais sobre permeabilização na página 172.

Prescrição médica

Prescrição médica manual

Este é um documento elaborado pelo médico direcionando o tratamento medicamentoso ao paciente/cliente.

O ato da prescrição de medicamento é exclusivo do profissional médico, com exceção de medicamentos provenientes de protocolos da atenção básica do Ministério da Saúde, que podem ser prescritos pelo enfermeiro.

DO DECRETO Nº 94.406/87:

Art. 8º Ao enfermeiro incumbe:

[...]

II – como integrante da equipe de saúde:

[...]

c) prescrição de medicamentos previamente estabelecidos em programas de saúde pública e em rotina aprovada pela instituição de saúde.

Vale a pena ler na íntegra o Parecer de Conselheiro Federal nº 3/2023/PROGER/DPAC/SPC/Cofen, que versa sobre a prescrição de medicamentos por enfermeiro.

Agora, vamos entender como interpretar a prescrição medicamentosa (prescrição médica), vastamente utilizada na ambiente hospitalar.

1. **Identificação do paciente/cliente.** São obrigatórios todos os itens para a correta identificação da pessoa sendo assistida. O ideal é o uso da etiqueta contendo nome completo, data de nascimento, nome da mãe, registro hospitalar da pessoa atendida, leito e andar. Podemos encontrar dados da equipe médica e do convênio.
2. **Data.** Refere-se à data em que a prescrição foi realizada. Tem validade de 24 horas. **Caso a prescrição não esteja datada, não administre nada**. Procure um enfermeiro, para que ele entre em contato com a equipe médica e solicite a validação com carimbo,

(Preencher quando não houver etiqueta)
Nome: Data de nascimento:
Nome da mãe:
Equipe:
Convênio:
Quarto/leito: RH:

Data: ◯ Alergia

Hora	Prescrição médica	Dose	Via	Frequência	Horários
	1 – Dieta para DN				SND
	2 – AAS	100 mg	VO	1×/dia	12
	3 – Atenolol	25 mg	VO	12/12 h	8 20
	4 – Sustrate	10 mg	VO	6/6 h	6 12 18 24
	5 – Piroxicam	20 mg	SL	1×/dia	8
	6 – Glicemia capilar			Antes refeições	7 11 17
	7 – Hemofol	20 U	SC	8/8 h	6 14 22
	8 – Insulina regular conforme glicemia	5.000 UI	SC		
	180 ~ 200	2 U	SC		S/N
	201 ~ 250	4 U	SC		S/N
	252 ~ 300	6 U	SC		S/N
	>≈ 301	8 U	SC		S/N
	9 – Dipirona	1 amp	IM	12/12 h	8 16
	10 – Zofran	1 amp	EV	8/8 h	16 24 8
	11 – Curativo na incisão cirúrgica			1×/dia	T
	12 – Sondagem vesical de alívio			S/N	
	13 – Realizar troca selo d'água			S/N	
	14 – Realizar enteroclisma				AGORA

Carimbos e rubricas de enfermagem

FIGURA 5.1 – Exemplo de prescrição médica manual.

assinatura e data. Somente com esses itens poderemos administrar os medicamentos prescritos. Inclusive, veja na íntegra a Resolução Cofen nº 689/2022, que veda aos profissionais de enfermagem o cumprimento da prescrição médica a distância e a execução da prescrição médica fora da validade.

3. **Alergia.** Destaca-se para toda a equipe de saúde se existe algum medicamento ao qual a pessoa atendida seja alérgica. Mas atenção! Mesmo que nada esteja escrito, você deverá **sempre perguntar** à pessoa sobre a presença de alergia a cada medicamento que for administrar.
4. **Hora.** Esta é a hora em que o profissional médico elaborou a prescrição.
5. **Prescrição médica.** Neste item, encontramos os medicamentos e procedimentos prescritos. Inicia-se pelo tipo de dieta, seguido de soros, medicamentos nas vias específicas (EV, IM, SC, VO...), medicamentos sintomáticos (para febre, dor, náuseas), possíveis exames e cuidados específicos.
6. **Dose.** Refere-se à quantidade de medicamento a ser preparado e administrado. Com esta informação, você faz os cálculos necessários para a correta administração (ver capítulo 8).
7. **Via.** Este item informa a via a ser utilizada, de acordo com as características do medicamento e o resultado esperado.
8. **Frequência.** Este item informa o período de tempo para a correta administração. A frequência leva em consideração o intervalo de ação dos medicamentos.

   Neste item, podemos encontrar doses únicas e intervalos de 12/12 h, de 8/8 h, de 6/6 h, de 4/4 h, de 2/2 h e de 1/1 h. Também é possível encontrar os termos "se", "S/N", "ACM", "SUSPENSO" e "AGORA". A sigla "S/N" quer dizer "se necessário"; significa que a administração deve ocorrer após avaliação do profissional técnico ou do auxiliar de enfermagem e com a anuência do enfermeiro. Não há aprazamento anterior, por isso é necessário anotar o horário e justificar sua administração na anotação de enfermagem.

   O "se" é usado em expressões como "medicamento **se** dor", "medicamento **se** febre" (ou seja, em caso de dor, em caso de febre, etc.).

A sigla ACM significa "a critério médico". Ou seja, sua administração deve ocorrer após conhecimento da enfermeira e consentimento médico.

Quanto à expressão "SUSPENSO", quando você encontra essa palavra na frente do medicamento, significa que houve mudança na prescrição médica e que esse medicamento **não deve** ser administrado.

Já a expressão "AGORA" indica uma orientação escrita pelo médico. Significa que houve alteração do estado clínico do paciente/cliente e, após avaliação médica, há a necessidade de preparar e administrar imediatamente. Depois de administrar, coloque o horário em que a administração foi realizada e cheque normalmente.

9. **Horários.** Este é um item preenchido exclusivamente pelo enfermeiro. Com o que está escrito neste item, você sabe a hora exata para administrar o medicamento. As instituições têm um período de tolerância para a administração, pois você terá várias pessoas sob seu cuidado com medicamentos no mesmo horário. Portanto, deve começar minutos antes e pode terminar minutos depois. Consulte esse limite em cada instituição.
10. **Medicamento conforme procedimento/exames.** Veja que a administração da dose da insulina é dependente do resultado da glicemia capilar. Você deve realizar esse procedimento e, de acordo com o resultado, preparar a dose.
11. **S/N.** Perceba que não há como estabelecer anteriormente a frequência deste medicamento nem o horário, uma vez que depende das condições clínicas do paciente/cliente, visualizadas pela glicemia capilar. Depois de administrar o medicamento, coloque o horário em que administrou e a dose, para poder checar.
12. **AGORA.** Significa que deve ser preparado e administrado imediatamente após a prescrição do médico.

> Toda e qualquer prescrição médica exige carimbo legível e assinatura. Não prepare nenhum medicamento e não realize nenhum exame ou procedimento prescritos sem o carimbo e a assinatura do profissional médico.

13. **Carimbos e rubricas da enfermagem.** Neste campo, os profissionais responsáveis por aprazar, preparar e administrar os medicamentos devem carimbar e assinar. Tenha muita atenção quanto a isso.

DO CÓDIGO DE ÉTICA MÉDICA (CEM):

É vedado ao médico:

[...]

Art. 11. Receitar, atestar ou emitir laudos de forma secreta ou ilegível, sem a devida identificação de seu número de registro no Conselho Regional de Medicina da sua jurisdição, bem como assinar em branco folhas de receituários, atestados, laudos ou quaisquer outros documentos médicos. (CFM, 2010, p. 34)

Não tente adivinhar o que está escrito. Não coloque o paciente/cliente em risco. A prescrição deve estar legível a todos.

Prescrição médica eletrônica

Cada vez mais, os hospitais que possuem recursos estão utilizando a tecnologia, o que inclui o prontuário eletrônico. Esse prontuário traz vários benefícios à segurança da pessoa atendida e, também, desafios à equipe de saúde.

Um dos desafios é o contato com o computador. Vivemos em uma era digital, mas nem todos os que estão atuando na área da saúde têm essa familiaridade. Se o hospital em que você trabalha ou estuda possui prontuário eletrônico, você receberá treinamento e suporte para a correta utilização.

São vários os sistemas. Exemplificaremos a prescrição médica eletrônica com um modelo genérico, com foco na descrição dos medicamentos e nas observações. Todos os outros itens da prescrição médica manual devem estar presentes na prescrição eletrônica.

Em algumas instituições, existe a assinatura eletrônica; em outras, é necessário imprimir todos os documentos para que sejam carimbados e assinados.

Cada profissional deve abrir o sistema com seu login e senha. Ou seja, nos registros da instituição, é possível saber quem realizou cada procedimento. A ação de checar ocorre pelo sistema.

Considerando essas informações, veja na figura 5.2 um modelo de prescrição eletrônica e as explicações das diferenças em relação aos itens da prescrição manual (que vimos na figura 5.1).

Medicamento	Diluição/ obervações	Dose	Via	Intervalo	Horário
Dipirona (Novalgina) inj. 1.000 mg/2 mL		4 mL	EV	12/12	10 22
Vancomicina 500 mg inj. FA	Reconstituir cada 1 frasco-ampola em 10 mL de água destilada amp. 10 mL. Separar 20 mL da reconstituição em 180 mL de soro fisiológico 0,9% bols 250 mL. Administrar 200 mL em 2 h.	100 mg	EV	12/12	8 20

FIGURA 5.2 – Exemplo de prescrição médica eletrônica.
LEGENDA: INJ = INJETÁVEL; FA = FRASCO-AMPOLA; BOLS = BOLSA (NO CASO, DE 250 ML DE SORO); EV = ENDOVENOSA (INTRAVENOSA).

1. Nos sistemas de prontuário eletrônico, podemos encontrar o nome do princípio ativo e o nome comercial. A informação que está na sequência é a apresentação do medicamento. Na ampola, há 1.000 mg em 2 mL. **Não é a dose.**

2. **Dose.** Neste campo, sim, está a dose. A informação "amp. 10 mL" indica que a água destilada prescrita para a reconstituição da vancomicina será obtida de ampolas de 10 mL padrão desse líquido.
3. Neste campo, está descrita a forma de preparo do medicamento. Confirme sempre esses dados com o bulário, os enfermeiros do setor e a farmácia. Dessa forma, você aprenderá muito mais, fixará conhecimentos e será uma barreira em possíveis situações de equívocos na prescrição médica.

Os certos da administração de medicamentos

6

Como podemos ver ao longo dos capítulos, existem vários certos na administração do medicamento que precisam ser cumpridos para a segurança da pessoa assistida e da sua, profissional ou futuro profissional de enfermagem. Esses certos constam no documento "Recomendações para registros de enfermagem no exercício da profissão", do Cofen (2023). Além dessa fonte, verifique também o protocolo da instituição na qual você trabalha ou cumpre estágio.

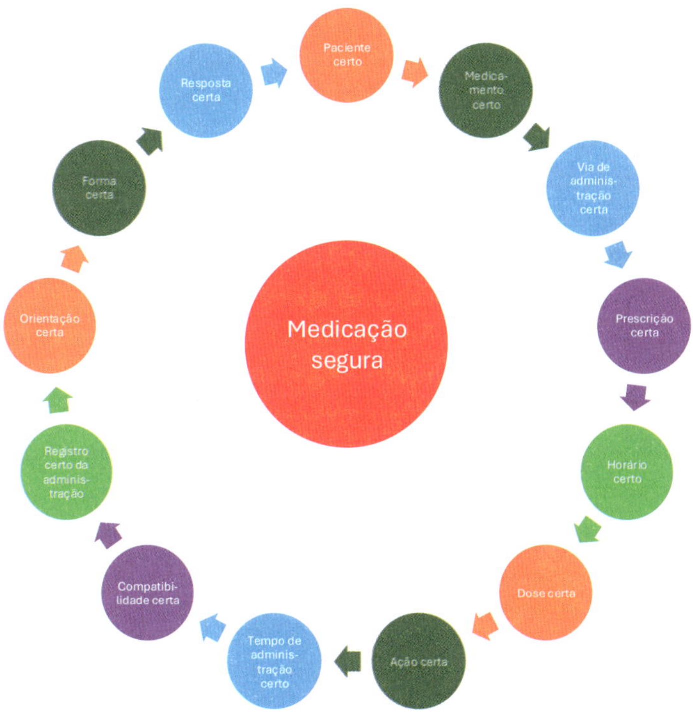

FIGURA 6.1 – Os 13 certos da administração de medicamentos.

Fonte: adaptado de Cofen (2023, p. 64).

#LEIATUDO

Recomendações para registros de enfermagem no exercicio da profissão (publicação Cofen). Disponível em: https://bit.ly/4hh7OJ5. Acesso em: 3 jan. 2025.

A figura 6.1 mostra que o processo de administrar medicamentos é bem minucioso e que devemos nos concentrar para ter uma prática segura.

1. **Paciente certo.** Confira a prescrição médica com a pulseira da pessoa atendida e peça que ela diga em voz alta seu nome completo e a data de nascimento. Em caso de pacientes/clientes com esses dados iguais, pergunte o nome da mãe.
   No caso de pacientes neonatos, valide com a mãe ou acompanhante legal. Em caso de pacientes com impossibilidade de verbalizar (entubados, distúrbios cognitivos, cirurgias de face, entre outras condições clínicas), valide com o prontuário físico/eletrônico.
   Atualmente, é possível utilizar códigos de barras nas pulseiras ou sistemas de identificação por radiofrequência (RFID – *radio-frequency identification*) nas pulseiras, integrados aos prontuários eletrônicos, assim como diversas instituições de saúde investem em nova tecnologias, como o uso de reconhecimento biométrico por impressão digital e/ou reconhecimento facial para melhorar a segurança e a eficiência no atendimento.
2. **Medicamento certo.** Faça as conferências necessárias entre a prescrição e o medicamento. Leia o rótulo. Não decore por formato ou cores. Quanto aos nomes, saiba que a prescrição poderá trazer nomes genéricos ou comerciais dos medicamentos. Em caso de dúvida, consulte o *Dicionário de especialidades farmacêuticas* (DEF) ou o guia farmacológico da instituição.

IMPORTANTE

Existem os medicamentos LASA ("look alike/sound alike"), que são aqueles que têm nomes e/ou pronúncia semelhantes. Neste link, você pode encontrar uma lista extensa de medicamentos que são LASA e podem comprometer a segurança do paciente: https://www.ismp.org/system/files/resources/2023-10/ISMP_ConfusedDrugNames_2023.pdf (acesso em: 6 jan. 2025).

Veja o exemplo:

	Medicamento 1	**Medicamento 2**
Escrita comum	Efedrina	Epinefrina
Escrita com destaque na diferença	eFEDrina	EPINEFrina
Indicação	Tratamento ou prevenção de hipotensão (pressão arterial baixa) associada à anestesia intratecal, epidural e geral. Tratamento de choque com queda abrupta e grave da pressão arterial que não responde à reposição de fluidos intravenosos.	Alívio de broncoespasmo em crises asmáticas. Tratamento de reações alérgicas graves (anafilaxia) devido a medicamentos ou outros alérgenos. Restabelecimento do ritmo cardíaco em casos de parada cardíaca.
Complicações da troca de medicamentos	Administrar efedrina em vez de epinefrina em um paciente em parada cardíaca ou anafilaxia pode resultar em falência do tratamento devido à ação mais lenta e menos potente da efedrina.	Administrar epinefrina em vez de efedrina pode causar complicações cardiovasculares graves, como taquicardia severa, arritmias ou hipertensão extrema, especialmente em um paciente anestesiado com hipotensão leve.

3. **Via de administração certa.** Tem relação diretamente com o item anterior. Existem medicamentos com mais de uma via de administração possível, descrita na embalagem. A escolha da via é do profissional médico ou do enfermeiro (nos protocolos da Atenção Primária), porém sempre deve ser validado com o medicamento disponível no serviço de saúde. Em caso de incoerência, não administre. Procure solucionar com o enfermeiro e o médico antes de administrar. Existem diversas vias de administração, abordadas a partir da página 95, que requerem cuidados específicos.

ATENÇÃO

Mesmo que um medicamento tenha mais de uma possibilidade, a escolha da via está a farmacocinética, efeitos adversos, condição clínica do paciente e aceitação, velocidade e duração do efeito desejado. Logo, caso haja alguma necessidade de troca da via (quando, por exemplo, o paciente prefere via oral em vez da via muscular), o médico deve ser consultado, a via modificada no prontuário e somente depois administrado.

4. **Prescrição certa.** Verifique se a prescrição medicamentosa está devidamente identificada com os dados do paciente certo, assim como se está na data de validade e devidamente carimbada. A ausência desses itens invalida a sua utilização.

A Resolução Cofen nº 487/15 "veda aos profissionais de Enfermagem o cumprimento da prescrição médica a distância e a execução da prescrição médica fora da validade" (Cofen, 2015).

5. **Horário certo.** Este item é de preenchimento exclusivo do enfermeiro (Cofen, 2023). É o aprazamento sobre o qual falamos no capítulo 2. Esse preenchimento leva em consideração horários institucionais e conhecimentos de farmacologia. Planejamento é

tudo. Organize suas atividades por prioridade para que a administração ocorra no momento adequado.

6. **Dose certa.** O profissional de enfermagem deve preparar a dose com exatidão, em todas as vias. A dose geralmente pode ser encontrada em gramas (g), miligramas (mg), mililitros (mL) e puff (medicamentos inalatórios).
7. **Ação certa.** Neste item, seus estudos e conhecimentos sobre farmacologia serão utilizados juntamente com o quadro clínico do paciente. Com o raciocínio clínico, verifica-se a indicação do medicamento ao tratamento e objetivo terapêutico do paciente/cliente.
8. **Tempo de administração certo.** Assim como a escolha da via, o tempo de administração leva em conta farmacocinética, condição clínica do paciente/cliente, objetivo terapêutico, reações adversas (p. ex.: tramadol, que é um opioide moderado, se administrado em velocidade superior à recomendada, pode induzir ao vômito).
9. **Compatibilidade certa.** É comum, em diversas situações clínicas, que o paciente/cliente receba mais de um medicamento no mesmo horário e na mesma via. Verifique no guia farmacológico da instituição e confirme com o enfermeiro e/ou o farmacêutico se é possível a administração em questão.

   Existem incompatibilidades medicamentosas que comprometem a segurança do paciente como ceftriaxona e gluconato de cálcio. A ceftriaxona pode formar precipitados insolúveis com cálcio presente em soluções intravenosas, como cloreto de cálcio ou gluconato de cálcio. Esses precipitados podem causar embolia pulmonar, insuficiência renal e, especialmente em neonatos, pode ser fatal.
10. **Registro certo da administração.** Esse registro é denominado "anotação de enfermagem", sendo a garantia legal de que a assistência de enfermagem foi realizada, pois mostra claramente a qualidade dessa assistência. Nesse item do modelo dos 13 certos, acrescentamos a checagem. Checagem e anotação de enfermagem são ações de extrema importância, pois garantem a continuidade da assistência segura na medida em que toda a equipe multidisciplinar está ciente de que determinado medicamento foi administrado, independentemente do Registro Certo da Administração.

Item	Medicamento	Dose	Via	Intervalo	Horário
2	Dipirona	4 mL	EV	12/12	TPB ~~10~~

Iniciais do profissional que realizou o procedimento.

Traço sobre o horário.

FIGURA 6.2 – Exemplo de símbolo de checagem (em trecho da prescrição médica).

Juntos, os símbolos que aparecem na figura 6.2 indicam que a dipirona foi administrada às 10 horas pelo profissional de enfermagem cujas iniciais do nome são TPB. Para completar a ação, faça a anotação de enfermagem no documento próprio.

Item	Medicamento	Dose	Via	Intervalo	Horário
2	Dipirona	500 mg	VO	12/12	TPB (10)

Iniciais do profissional que realizou o procedimento.

Círculo no horário.

FIGURA 6.3 – Exemplo de símbolo de que o medicamento não foi realizado (em trecho da prescrição médica).

Juntos, os símbolos constantes da figura 6.3 indicam que a dipirona não foi administrada. Comumente ouvimos a frase "**o medicamento foi bolado**". Isso significa que o profissional de enfermagem cujas iniciais do nome são "TPB" não administrou o medicamento.

Na anotação de enfermagem, **é necessário justificar por quê**. A seguir, alguns exemplos que podem ocorrer na prática clínica para a não administração de um medicamento. Isso pode acontecer quando o paciente/cliente:

- recusa o medicamento por não estar com dor;
- apresentou episódios de vômito e a via de administração era oral;
- estava no setor de exames;
- entrou em jejum para procedimento.

11. **Orientação certa.** Seja um profissional de excelência antes do paciente/cliente perguntar, se antecipe e informe indicação, possíveis efeitos colaterais, por que o medicamento não pode ser administrado de modo mais rápido ou mais lento – todas as informações que são de direito e trazem conforto e confiança na relação com o profissional. A educação reduz riscos e aumenta a adesão ao tratamento. Esses são itens discutidos no Código de Ética de Enfermagem. Releia sempre.
12. **Forma Certa.** Você apreenderá neste livro que cada medicamento tem uma forma correta de ser administrada, garantindo eficácia e segurança.
13. **Resposta Certa.** Monitorar a reação do paciente/clidente ao medicamento, documentando os efeitos desejados ou adversos. Ajustes terapêuticos podem ser necessários com base na resposta clínica e só ocorrerão com o seu monitoramento.

Também é importante destacar que existe o direito a recusar o medicamento. Deve-se descrever os motivos, embasados no Código de Ética de Enfermagem, assim como se faz necessário sempre se atentar ao prazo de validade do medicamento. Lembre que você é uma barreira nesse processo.

Podemos novamente pensar na prática de administração de medicamento revisitando o modelo do queijo suíço. A figura 6.4 mostra quatro etapas do processo e, em cada uma delas, um erro que pode acontecer. Uma assistência de excelência é dada pelo profissional que não pula etapas, que estuda, pergunta e questiona, evitando que os possíveis erros em cada etapa do processo se acumulem e possam causar um acidente.

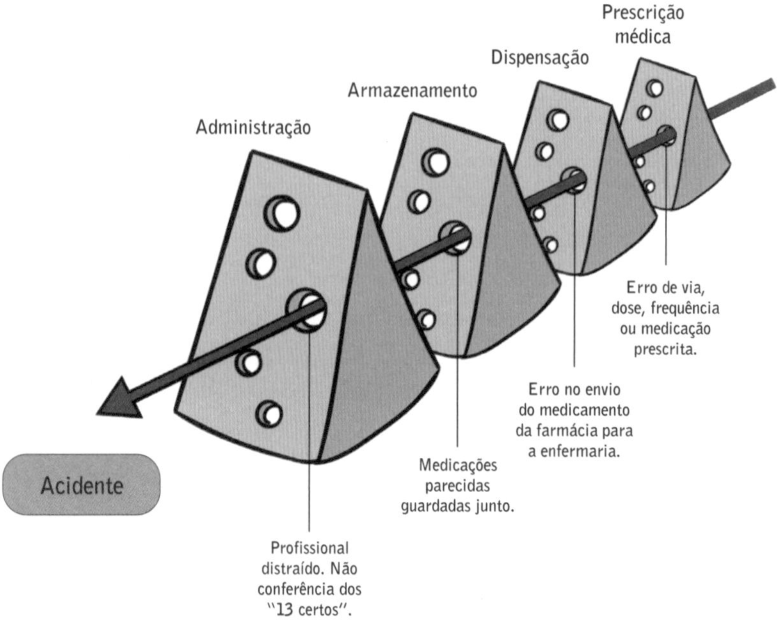

FIGURA 6.4 – Exemplos de erros utilizando teoria do queijo suíço.

Fonte: adaptada de Ugeda (2016).

7 Vias de administração e cuidados de enfermagem

As vias de administração de medicamentos são diversas – por exemplo, tópica, oftálmica, nasal, oral, entre outras. Há também vias especializadas, como epidural, intrapleural, intraperitoneal, interarticular e intraóssea. Cada uma delas está relacionada com a forma/apresentação do medicamento e exige cuidados de enfermagem específicos. Neste extenso capítulo, vamos nos debruçar sobre as vias comumente utilizadas por todos os integrantes da equipe de enfermagem. Procure compreender bem o conteúdo das próximas páginas, pois, conforme falamos anteriormente, a administração de medicamentos é uma atribuição exclusiva da enfermagem. Todos os demais capítulos do livro apresentam e descrevem os elementos que fazem parte do processo de administração de medicamentos (por exemplo, aspectos legais, cálculos necessários e materiais utilizados). Mas este é o capítulo concentrado na técnica, no contato direto e empático com a pessoa assistida, um atributo fundamental da nossa profissão.

Via tópica ou cutânea

É a aplicação de medicamentos na pele do paciente/cliente. Sua ação pode ser local ou sistêmica. Nesta via, em geral são administradas formas semissólidas dos medicamentos, como géis, pastas, cremes, pomadas, além de sprays e aerossóis.

Via tópica: cuidados de enfermagem na administração de cremes, pomadas, géis e hidratantes com princípios ativos

1. Antes de administrar, conheça a área a ser tratada.
2. Confira os certos dos medicamentos.
3. Higienize as mãos em todos os momentos indicados pela Organização Mundial da Saúde (OMS).
4. Confira a prescrição de enfermagem para verificar recomendação ou restrição.
5. Confira a prescrição médica.
6. Leia atentamente o rótulo e confirme no guia farmacológico a indicação do medicamento.
7. Separe o material necessário: medicamento prescrito, bandeja devidamente desinfectada e luvas de procedimento. Caso seja a primeira vez que vá utilizar o medicamento, leve swab alcoólico ou algodão e álcool 70%, e agulha estéril 40 × 12 ou romba para a abertura.
8. Identifique o medicamento com a etiqueta do paciente/cliente e coloque a data de abertura com o prazo de validade, conforme as orientações da instituição. **Atenção:** esse prazo não é o mesmo que o prazo de validade do medicamento.
9. Identifique-se e faça a identificação do paciente/cliente (pergunte nome completo e data de nascimento).
10. Realize a abertura correta do medicamento.
11. Explique o procedimento à pessoa atendida. Verifique a presença de alergia ao(s) medicamento(s) prescrito(s).
12. Calce as luvas de procedimento.
13. Coloque a quantidade indicada. **Atenção:** o excesso de umidade pode acarretar lesões ao paciente/cliente.
14. Tampe o medicamento.
15. Espalhe de maneira uniforme com pressão leve até o completo desaparecimento do medicamento ou até que o produto tenha sido bem espalhado na superfície da pele a ser tratada.
16. Descarte os materiais nos locais apropriados.
17. Mantenha o medicamento acondicionado conforme orientação do fabricante. A maioria desse tipo de medicamento tem a indicação de ser mantida em temperatura ambiente.
18. Realize a checagem e a anotação de enfermagem, conforme o modelo apresentado no quadro 7.1.

QUADRO 7.1 – Modelo de anotação de enfermagem – via tópica. Cremes, pomadas, géis e outras formas semissólidas.

Data. + Hora. + Administrado item "x" da prescrição médica, por via tópica, em região de "xxxxxx" [por exemplo, membros inferiores, membros superiores, região de fraldas/períneo, etc.]. + Carimbo profissional. + Assinatura.

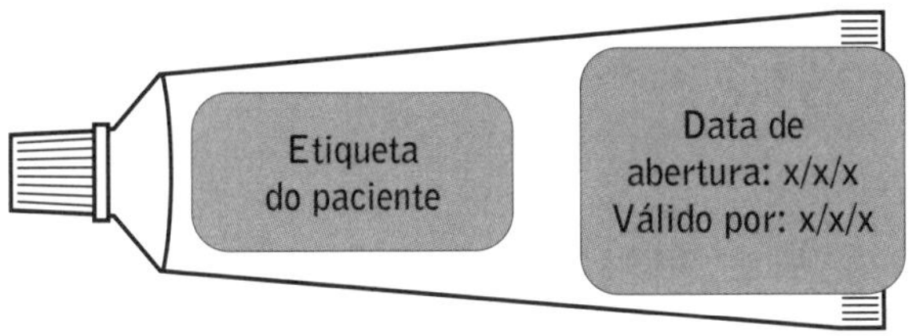

FIGURA 7.1 – Identificação do medicamento.

Caso o medicamento tenha um lacre metálico e uma tampa com proeminência externa, fique atento. Você está em ambiente hospitalar. Portanto, inicialmente, você deve retirar a tampa e realizar a desinfecção do lacre metálico com álcool 70%. Você tem duas possibilidades para a abertura:

- utilizar uma agulha estéril para a abertura; ou
- realizar uma desinfecção nessa tampa, com álcool 70%, e proceder à abertura.

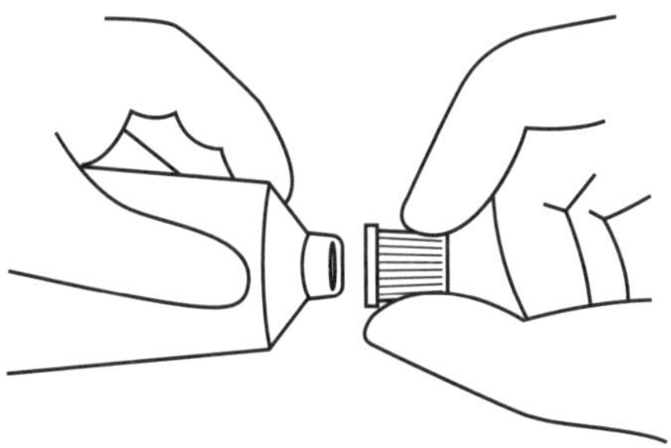

FIGURA 7.2 – Abertura de pomada. Retire a tampa e adote uma das duas possibilidades descritas anteriormente.

Via tópica: cuidados de enfermagem na administração de sprays ou aerossóis

1. Antes de administrar, conheça a área a ser tratada.
2. Confira os certos dos medicamentos.
3. Higienize as mãos em todos os momentos indicados pela OMS.
4. Confira a prescrição de enfermagem para verificar recomendação ou restrição.
5. Confira a prescrição médica.
6. Leia atentamente o rótulo e confirme no guia farmacológico a indicação do medicamento.
7. Separe o material necessário: medicamento prescrito, bandeja devidamente desinfectada e máscara simples/cirúrgica. O uso de luvas de procedimento é opcional.
8. Identifique o medicamento com a etiqueta do paciente/cliente e coloque a data de abertura com o prazo de validade, conforme as orientações da instituição. **Atenção:** esse prazo não é o mesmo que o prazo de validade do medicamento.
9. Identifique-se e realize a identificação do paciente/cliente (pergunte nome completo e data de nascimento).
10. Explique o procedimento à pessoa atendida. Verifique a presença de alergia ao(s) medicamento(s) prescrito(s).
11. Coloque a máscara simples/cirúrgica. O uso da máscara é para sua proteção, pois evita que você inale o medicamento do paciente.
12. Agite bem a embalagem do produto antes da aplicação (a não ser que, na embalagem, recomende-se o contrário).
13. Segure a embalagem a 12 cm ou 15 cm de distância do local lesionado (ou conforme indicação na bula).
14. Aperte a válvula do spray (ou o liberador do aerossol) por alguns segundos e logo a solte, colocando a quantidade indicada.

> Proteja sempre o rosto do paciente/cliente, principalmente a região de olhos e nariz, na administração. Caso o local seja próximo dessas áreas, use o spray nas suas mãos, devidamente calçadas com luvas de procedimento, e passe na área.

15. Tampe o medicamento.
16. Mantenha o medicamento acondicionado conforme o fabricante. A maioria desse tipo de medicamento tem a indicação de ser mantida em temperatura ambiente.
17. Realize a checagem e a anotação de enfermagem, conforme o modelo apresentado no quadro 7.2.

QUADRO 7.2 – Modelo de anotação de enfermagem – via tópica. Sprays e aerossóis.

Data. + Hora. + Administrado item "x" da prescrição médica, por via tópica, em região de "xxxxxx" [por exemplo, membros inferiores, membros superiores, região de fraldas/períneo etc.]. + Carimbo profissional. + Assinatura.

Via oftálmica

Na região dos olhos, os medicamentos podem se apresentar em formas líquidas, como os colírios, ou semissólidas, como as pomadas oftálmicas.

Via oftálmica: cuidados de enfermagem

1. Confira os certos dos medicamentos.
2. Higienize as mãos em todos os momentos indicados pela OMS.
3. Confira a prescrição de enfermagem para verificar recomendação ou restrição.
4. Confira a prescrição médica.
5. Leia atentamente o rótulo e confirme no guia farmacológico a indicação do medicamento.
6. Separe o material necessário: medicamento prescrito, bandeja devidamente desinfectada, luvas de procedimento e gaze não estéril ou lenço de papel. A máscara simples/cirúrgica pode ser utilizada para conforto do paciente/cliente, pois o profissional está bem próximo do rosto.

7. Identifique o medicamento com a etiqueta do paciente/cliente e coloque a data de abertura com o prazo de validade, conforme as orientações da instituição. **Atenção:** esse prazo não é o mesmo que o prazo de validade do medicamento.
8. Identifique-se e realize a identificação do paciente/cliente (pergunte nome completo e data de nascimento).
9. Explique o procedimento à pessoa atendida. Verifique a presença de alergia ao(s) medicamento(s) prescrito(s).
10. Deixe o paciente/cliente sentado (no leito ou na poltrona/cadeira), colocando a cabeça bem inclinada para trás.
11. Calce as luvas de procedimento.
12. Verifique que não há sujidade nos olhos. Caso haja, providencie limpeza com gaze e água, passando no sentido do canto dos olhos para o canal lacrimal.
13. Puxe a pálpebra inferior para baixo, usando o dedo indicador delicadamente.
14. Pingue o colírio (ou coloque a pomada oftálmica) sem encostar o aplicador nos olhos, usando as quantidades recomendadas pelo médico, próximo ao canal lacrimal, na direção da esclera.
15. Oriente a pessoa sob atendimento a fechar os olhos devagar e a não piscar.
16. Limpe a área externa dos olhos com um lenço de papel ou um pedaço de gaze não estéril, caso o produto tenha extravasado.
17. Tampe cuidadosamente o frasco e o guarde em local adequado, seguindo as instruções do fabricante.
18. Realize a checagem e a anotação de enfermagem, conforme o modelo apresentado no quadro 7.3.

QUADRO 7.3 – Modelo de anotação de enfermagem – via oftálmica.

Data. + Hora. + Administrado item "x" da prescrição médica em região dos olhos. + Carimbo profissional. + Assinatura.

Via otológica

Esta via se destina à administração de medicamento no canal auditivo (da orelha).

Via otológica: cuidados de enfermagem

1. Confira os certos dos medicamentos.
2. Higienize as mãos em todos os momentos indicados pela OMS.
3. Confira a prescrição de enfermagem para verificar recomendação ou restrição.
4. Confira a prescrição médica.
5. Leia atentamente o rótulo e confirme no guia farmacológico a indicação do medicamento.
6. Separe o material necessário: medicamento prescrito, bandeja devidamente desinfectada, luvas de procedimento e gaze não estéril ou lenço de papel. A máscara simples/cirúrgica pode ser utilizada para conforto do paciente/cliente, pois o profissional está bem próximo do rosto.
7. Identifique o medicamento com a etiqueta do paciente/cliente e coloque a data de abertura com o prazo de validade, conforme as orientações da instituição. **Atenção:** esse prazo não é o mesmo que o prazo de validade do medicamento.
8. Identifique-se e realize a identificação do paciente/cliente (pergunte nome completo e data de nascimento).
9. Explique o procedimento à pessoa atendida. Verifique a presença de alergias ao(s) medicamento(s) prescrito(s).
10. Posicione o paciente/cliente sentado ou deitado e o faça inclinar a cabeça para o lado, deixando a orelha afetada para cima.
11. Verifique a presença de excesso de sujidade e avalie com o enfermeiro a necessidade e a possibilidade de limpar o excesso com gaze. Utilize luvas de procedimento, caso seja autorizada a limpeza.
12. Agite levemente o frasco antes de usar o produto, sempre seguindo as orientações dos fabricantes.
13. Segure o lóbulo da orelha e puxe-o delicadamente para cima e para trás, a fim de permitir que o produto chegue mais facilmente ao

canal auditivo. Em crianças, o lóbulo da orelha deve ser puxado para baixo e para trás.

14. Pingue o número de gotas prescrito, tomando cuidado para não encostar o aplicador no conduto auditivo, pois ele seria facilmente contaminado.
15. Permaneça segurando o lóbulo da orelha na posição anteriormente indicada durante alguns segundos.
16. Solicite à pessoa que permaneça com a cabeça lateralizada por alguns minutos, para facilitar a penetração do medicamento.
17. Tampe cuidadosamente o frasco e o guarde em local adequado, seguindo as instruções do fabricante.
18. Limpe a área externa com gaze, caso o produto tenha extravasado.
19. Realize a checagem e a anotação de enfermagem, conforme o modelo apresentado no quadro 7.4.

QUADRO 7.4 – Modelo de anotação de enfermagem – via otológica.

Data. + Hora. + Administrado item "x" da prescrição médica, por via otológica. Orientado a permanecer no leito, em "xxxxx" [completar com DDH, DDD ou DDE] por "x" min. + Carimbo profissional. + Assinatura.

DDH = DECÚBITO DORSAL HORIZONTAL; DDD = DECÚBITO DORSAL DIREITO; DDE = DECÚBITO DORSAL ESQUERDO.

Via nasal

Consiste em levar à mucosa nasal um medicamento líquido, que também poderá ser administrado por meio de dispositivos que formam spray.

> Nunca utilize esse tipo de medicamento, seja em spray, seja em gotas, de um paciente para outro.

Via nasal: cuidados de enfermagem na administração de medicamentos em gotas

1. Confira os certos dos medicamentos.
2. Higienize as mãos em todos os momentos indicados pela OMS.
3. Confira a prescrição de enfermagem para verificar recomendação ou restrição.
4. Confira a prescrição médica.
5. Leia atentamente o rótulo e confirme no guia farmacológico a indicação do medicamento.
6. Separe o material necessário: medicamento prescrito, bandeja devidamente desinfectada, luvas de procedimento e gaze não estéril ou lenço de papel. A máscara simples/cirúrgica pode ser utilizada para conforto do paciente/cliente, pois o profissional está bem próximo do rosto.
7. Identifique o medicamento com a etiqueta do paciente/cliente e coloque a data de abertura com o prazo de validade, conforme as orientações da instituição. **Atenção:** esse prazo não é o mesmo que o prazo de validade do medicamento.
8. Identifique-se e realize a identificação do paciente/cliente (pergunte nome completo e data de nascimento).
9. Explique o procedimento à pessoa atendida. Verifique presença de alergia ao medicamento prescrito.
10. Deixe o paciente/cliente sentado (no leito ou na poltrona/cadeira), colocando a cabeça bem inclinada para trás.
11. Calce as luvas de procedimento.
12. Verifique a presença de desvio de septo ou de sujidade.
13. Oriente o paciente/cliente a assoar o nariz. Caso haja dificuldade, auxilie com papel macio.
14. Encha o conta-gotas com o medicamento.
15. Coloque nas narinas o número de gotas prescrito, não encostando o aplicador dentro do nariz.
16. Oriente a pessoa a continuar com a cabeça inclinada para trás durante alguns segundos.
17. Oriente a pessoa a voltar à posição normal, inspirando profundamente por 2 a 3 vezes.

18. Tampe cuidadosamente o frasco e o guarde em local adequado, seguindo as instruções do fabricante.
19. Realize a checagem e a anotação de enfermagem, conforme o modelo apresentado no quadro 7.5.

QUADRO 7.5 – Modelo de anotação de enfermagem – via nasal. Medicamentos líquidos.

Data. + Hora. + Administrado item "x" da prescrição médica, por via nasal. + Carimbo profissional. + Assinatura.

Via nasal: cuidados de enfermagem na administração de medicamentos em spray

1. Confira os certos dos medicamentos.
2. Higienize as mãos em todos os momentos indicados pela OMS.
3. Confira a prescrição de enfermagem, para verificar recomendação ou restrição.
4. Confira a prescrição médica.
5. Leia atentamente o rótulo e confirme no guia farmacológico a indicação do medicamento.
6. Separe o material necessário: medicamento, bandeja devidamente desinfectada, luvas de procedimento e gaze não estéril ou lenço de papel. É indicado o uso da máscara simples/cirúrgica, pois o profissional está bem próximo do rosto do paciente/cliente, além de haver a possibilidade de inalar resquícios do medicamento no ar.
7. Identifique o medicamento com a etiqueta do paciente/cliente e coloque a data de abertura com o prazo de validade, conforme as orientações da instituição. **Atenção:** esse prazo não é o mesmo que o prazo de validade do medicamento.
8. Identifique-se e realize a identificação do paciente/cliente (pergunte nome completo e data de nascimento).
9. Explique o procedimento à pessoa atendida. Verifique a presença de alergia ao(s) medicamento(s) prescrito(s).

10. Deixe o paciente/cliente sentado (no leito ou na poltrona/cadeira), colocando a cabeça bem inclinada para trás.
11. Calce as luvas de procedimento e coloque a máscara simples/cirúrgica.
12. Verifique presença de desvio de septo ou de sujidade.
13. Oriente a pessoa a assoar o nariz. Caso haja dificuldade, auxilie com papel macio.
14. Retire a tampa do frasco e coloque o aplicador na narina, procurando não encostá-lo nas paredes do nariz.
15. Pressione gentilmente com seus dedos a narina que está livre do aplicador, como se a estivesse "fechando", e acione o spray na outra narina (o número de vezes prescrito). Peça ao paciente/cliente que inspire imediatamente após o jato do medicamento.
16. Repita a operação na outra narina.

> Caso o paciente/cliente já utilize esse tipo de medicamento, após solicitar que ele lhe explique como faz e se a técnica estiver correta, é possível que o paciente realize a administração, supervisionado por você.

17. Tampe cuidadosamente o frasco e o guarde em local adequado, seguindo as instruções do fabricante.
18. Realize a checagem e a anotação de enfermagem, conforme o modelo apresentado no quadro 7.6.

QUADRO 7.6 – Modelo de anotação de enfermagem – via nasal. Medicamentos em spray.

Data. + Hora. + Administrado item "x" da prescrição médica, por via nasal. + Carimbo profissional. + Assinatura.

Via inalatória

Consiste na administração de medicamentos diretamente no trato respiratório,[1] o que pode ser feito com o uso de oxigênio e do kit de inalação, composto por copo, máscara e extensão, que transforma medicamento de forma líquida ou de suspensão aquosa na forma de aerossol. Outra forma é a inalação pelo paciente por via oral (pela boca), com o uso de aparelhos.

Via inalatória: cuidados de enfermagem

Em pessoas que estejam intubadas ou traqueostomizadas, consulte o protocolo institucional para conhecer os equipamentos e formas de conexão. Mas o preparo é o mesmo.

1. Confira os certos dos medicamentos.
2. Higienize as mãos em todos os momentos indicados pela OMS.
3. Confira a prescrição de enfermagem para verificar recomendação ou restrição.
4. Confira a prescrição médica.
5. Leia atentamente o rótulo e confirme no guia farmacológico a indicação do medicamento.
6. Separe os materiais necessários: medicamento (fármaco prescrito e flaconete de soro fisiológico), bandeja devidamente desinfectada, kit de inalação, swab alcoólico para abertura do medicamento e/ou do flaconete e papéis absorventes (para o paciente secar o rosto). Caso o copo do inalador não seja graduado, leve seringa com graduação apropriada para aspiração e agulha de aspiração.
7. Identifique-se e realize a identificação do paciente/cliente (pergunte nome completo e data de nascimento).
8. Explique o procedimento à pessoa atendida. Verifique a presença de alergia ao medicamento prescrito.

---

1 Corresponde à via respiratória apresentada no quadro 4.1 (ver p. 69).

9. Coloque o medicamento (fármaco e soro) no copo do kit, conforme a prescrição médica. Conecte na máscara e na extensão.
10. Cole a etiqueta de identificação do paciente/cliente no reservatório do inalador.
11. Coloque na extensão a data de abertura do kit. A Anvisa recomenda a troca a cada 24 horas.
12. Conecte o fluxômetro na saída do oxigênio e abra a válvula até 5 L/min.[2] Verifique se a névoa está sendo formada. Explique ao paciente que essa quantidade de oxigênio é a ideal, pois formará a névoa e permanecerá o tempo adequado para a administração do medicamento. Dessa forma, tentamos evitar que pacientes/clientes ou acompanhantes alterem o fluxo de oxigênio.
13. Mantenha a pessoa sentada perto do fluxômetro, seja na poltrona/cadeira ou na cama (cabeceira elevada no mínimo a 45°).
14. Oriente a pessoa a respirar tranquilamente e, se possível, segurar o inalador. Caso ela esteja impossibilitada, veja as estratégias da instituição, como o uso de cadarços para fixar na máscara e na cabeça da pessoa assistida.
15. Deixe os papéis absorventes com o paciente/cliente.
16. Informe o paciente/cliente de que você retornará no tempo adequado (entre 10 e 15 min) e que ele poderá acionar a campainha a qualquer necessidade ou se o medicamento acabar.
17. Terminada a inalação, feche o fluxo de oxigênio. Retire a máscara do paciente/cliente e, caso haja necessidade de reutilização no período de 24 horas, mantenha a máscara e o copo em um saco plástico transparente, próximo às dependências do paciente.

> Mantenha o kit de inalação em embalagem plástica, devidamente identificada, perto do leito do paciente/cliente. Caso você verifique que houve contaminação ou que existe sujidade aparente, leve o kit para o setor de desinfecção.

2 Instituições podem variar nessa recomendação entre 3 L/min a 7 L/min. Verifique no local de trabalho/estágio.

18. Deixe o paciente/cliente confortável.
19. Realize a checagem e a anotação de enfermagem, conforme o modelo apresentado no quadro 7.7.

QUADRO 7.7 – Modelo de anotação de enfermagem – via inalatória.

Data. + Hora. + Administrado item "x" da prescrição médica, por via inalatória. + Carimbo profissional. + Assinatura.

Via oral

A via oral (VO) consiste na administração do medicamento pela boca. Podem ser encontradas diversas formas de apresentação: líquidas, sólidas, em pó, em spray.

Via oral: cuidados de enfermagem na administração de medicamentos líquidos

Verifique se há restrição de líquidos para o paciente/cliente. Caso haja, pergunte ao enfermeiro sobre como proceder.

1. Verifique a condição de deglutição da pessoa assistida.
2. Confira os certos dos medicamentos.
3. Higienize as mãos em todos os momentos indicados pela OMS.
4. Confira a prescrição de enfermagem para verificar recomendação ou restrição.
5. Confira a prescrição médica.
6. Leia atentamente o rótulo e confirme no guia farmacológico a indicação do medicamento.
7. Separe o material necessário: medicamento prescrito, bandeja devidamente desinfectada, água filtrada e copo descartável. O uso de luvas de procedimento é opcional.

8. Identifique o medicamento com a etiqueta do paciente/cliente e coloque a data de abertura com o prazo de validade, conforme as orientações da instituição. **Atenção:** esse prazo não é o mesmo que o prazo de validade do medicamento.
9. Identifique-se e realize a identificação do paciente/cliente (pergunte nome completo e data de nascimento).
10. Explique o procedimento à pessoa atendida. Verifique presença de alergia ao medicamento prescrito.
11. Deixe o paciente/cliente sentado (no leito ou na poltrona/cadeira).
12. Prepare o medicamento conforme a orientação do fabricante (como, por exemplo, agitar bem o frasco antes de dosá-lo, pois o produto contém partículas que se depositam na embalagem).
13. Use uma colher-medida de plástico própria para esse tipo de medicamento e que geralmente acompanha a embalagem (alguns vêm com copo-medida em vez de colher).
14. Coloque o medicamento na colher-medida (ou no copo-medida), conforme a dose prescrita.
15. Ofereça o medicamento ao paciente/cliente e certifique-se de que ele realmente o engoliu.

Nos casos em que não há colher ou copo-medida, utilize uma seringa estéril para aspirar, do frasco do medicamento, o conteúdo adequado. Após aspirar, coloque o medicamento em um copo descartável e o ofereça à pessoa atendida.

16. Ofereça água.
17. Realize a checagem e a anotação de enfermagem, conforme o modelo apresentado no quadro 7.8.

Nos casos de pediatria, os medicamentos podem ser oferecidos utilizando uma seringa própria para medicamento por via oral. Deve-se administrar direcionando o bico da seringa para a bochecha, introduzindo lentamente o líquido e aguardando a deglutição do bebê ou da criança. **Jamais** deve ser direcionado o bico da seringa no centro da boca, pois pode provocar engasgos.

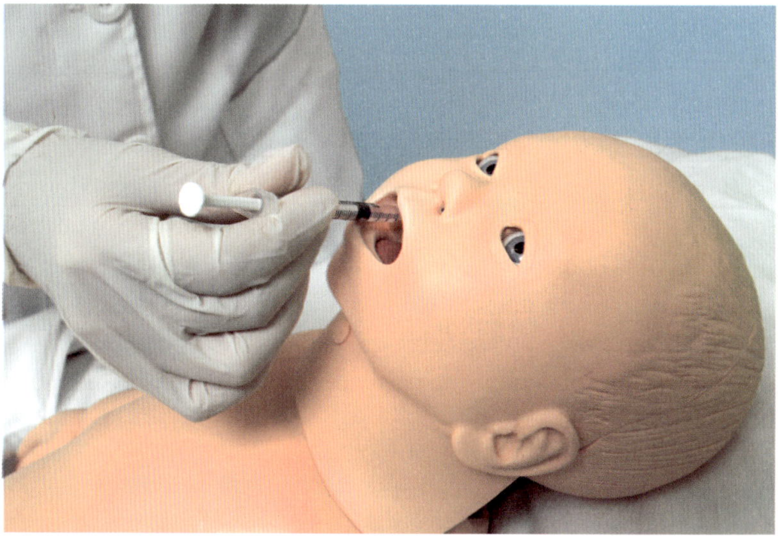

FOTO 7.1 – Administração de medicamento líquido via oral em bebês.[3]

QUADRO 7.8 – Modelo de anotação de enfermagem – via oral. Medicamentos líquidos.

Data. + Hora. + Administrado item "x" da prescrição médica, por via oral, ofertado 1 copo com 100 mL de água na sequência. + Carimbo profissional. + Assinatura.

3 O uso da luva é opcional.

Via oral: cuidados de enfermagem na administração de sprays para a garganta

1. Verifique a condição de deglutição do paciente/cliente.
2. Confira os certos dos medicamentos.
3. Higienize as mãos em todos os momentos indicados pela OMS.
4. Confira a prescrição de enfermagem para verificar recomendação ou restrição.
5. Confira a prescrição médica.
6. Leia atentamente o rótulo e confirme no guia farmacológico a indicação do medicamento.
7. Separe o material necessário: medicamento prescrito, bandeja devidamente desinfectada e máscara simples/cirúrgica. O uso de luvas de procedimento é opcional.
8. Identifique o medicamento com a etiqueta do paciente/cliente e coloque a data de abertura com o prazo de validade, conforme as orientações da instituição. **Atenção:** esse prazo não é o mesmo que o prazo de validade do medicamento.
9. Identifique-se e realize a identificação do paciente/cliente (pergunte nome completo e data de nascimento).
10. Explique o procedimento à pessoa atendida. Verifique a presença de alergia ao(s) medicamento(s) prescrito(s).
11. Deixe o paciente/cliente sentado (no leito ou na poltrona/cadeira).
12. Prepare o medicamento conforme a orientação do fabricante (como, por exemplo, agitar bem o frasco do medicamento antes de administrá-lo).
13. Certifique-se de posicionar o frasco na posição orientada pelo fabricante.
14. Abra bem a boca do paciente/cliente ou peça a ele que o faça.
15. Direcione o frasco no centro da boca, por cima da língua, e aperte o spray, procurando atingir toda a parede da garganta.
16. Feche a boca do paciente/cliente ou peça a ele que o faça. Oriente-o a não engolir a saliva durante 1 a 2 minutos.
17. Oriente a pessoa a beber água e alimentar-se apenas após 30 minutos ou conforme bula, para garantir o efeito no local de aplicação.
18. Realize a checagem e a anotação de enfermagem, conforme o modelo apresentado no quadro 7.9.

QUADRO 7.9 – Modelo de anotação de enfermagem – via oral. Medicamentos em spray.

Data. + Hora. + Administrado item "x" da prescrição médica, por VO, orientado a aguardar "x" min antes de ingerir líquidos. + Carimbo profissional. + Assinatura.

Via oral: cuidados de enfermagem na administração de medicamentos sólidos

Medicamentos como comprimidos e cápsulas – entre outros exemplos de formas sólidas – são administrados por via oral geralmente com um copo de água e a pessoa atendida sentada.

> Verifique se há restrição de líquidos para o paciente/cliente.

1. Verifique a condição de deglutição do paciente/cliente.
2. Confira os certos dos medicamentos.
3. Higienize as mãos em todos os momentos indicados pela OMS.
4. Confira a prescrição de enfermagem, para verificar recomendação ou restrição.
5. Confira a prescrição médica.
6. Leia atentamente o rótulo e confirme no guia farmacológico a indicação do medicamento.
7. Separe o material necessário: medicamento prescrito, bandeja devidamente desinfectada, água filtrada e copos descartáveis (um para medicamento e outro para oferta de água).
8. Identifique-se e realize a identificação do paciente/cliente (pergunte nome completo e data de nascimento).
9. Realize cuidados de enfermagem prévios, caso haja. (Por exemplo, em caso de anti-hipertensivo, faça a aferição da pressão arterial antes de administrar o medicamento.)
10. Explique o procedimento à pessoa atendida. Verifique a presença de alergia ao(s) medicamento(s) prescrito(s).

11. Deixe o paciente sentado (no leito ou na poltrona/cadeira).
12. Ofereça água.

Muitas vezes, o paciente/cliente pode apresentar algum costume no consumo do medicamento, como ingeri-lo com leite. Apenas ofereça algo que não seja água seguindo orientações restritas do farmacêutico/médico.

13. Ofereça o medicamento em copo descartável ou no blister, colocando-o na mão da pessoa atendida, caso ela assim prefira.

Nunca segure medicamentos sólidos em suas mãos para oferecê-los ao paciente/cliente.

14. Verifique se a pessoa deglutiu o medicamento.
15. Realize a checagem e a anotação de enfermagem, inclusive se houver qualquer dificuldade ou intercorrência (como presença de vômitos, por exemplo), conforme o modelo apresentado no quadro 7.10.

QUADRO 7.10 – Modelo de anotação de enfermagem – via oral. Medicamentos sólidos.

Data. + Hora. + Administrado item "x" da prescrição médica, por VO. + Ofertados 200 mL de água. + Carimbo profissional. + Assinatura.

Ou

Data. + Hora. + Aferidas pressão arterial e frequência cardíaca com valores de 120 × 80 mmHg e 100 bpm, respectivamente. Administrado item "x" da prescrição médica, por VO. Ofertados 200 mL de água. + Carimbo profissional. + Assinatura.

REPARTIÇÃO

Caso seja necessária a repartição do medicamento para ajuste de dose ou para facilitar a deglutição, certifique-se de que a forma possibilita essa divisão e utilize um cortador específico para isso. Como visto anteriormente no capítulo 4, a divisão deve ser feita seguindo o sulco presente no medicamento. Apenas os medicamentos que apresentem sulcos podem ser cortados em caso de necessidade.

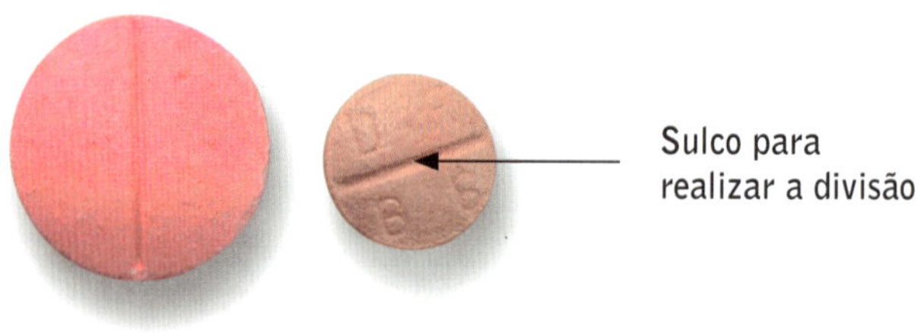

FOTO 7.2 – Comprimido com sulco indicando local de repartição.

Via oral: cuidados de enfermagem na administração de medicamentos em pó

> Medicamentos em pó precisam ser reconstituídos antes de administrados. Ou seja, precisam ser transformados em medicamentos líquidos. O pó não deve ser colocado direto na boca do paciente/cliente, e é necessário verificar se há restrição de líquidos.

1. Verifique a condição de deglutição do paciente/cliente.
2. Confira os certos dos medicamentos.
3. Higienize as mãos em todos os momentos indicados pela OMS.
4. Confira a prescrição de enfermagem para verificar recomendação ou restrição.
5. Confira a prescrição médica.
6. Leia atentamente o rótulo e confirme no guia farmacológico a indicação do medicamento.

7. Separe o material necessário: medicamento prescrito, bandeja devidamente desinfectada, máscara simples/cirúrgica, água filtrada e copos descartáveis (um para medicamento e outro para oferta de água).
8. Identifique-se e realize a identificação do paciente/cliente (pergunte nome completo e data de nascimento).
9. Explique o procedimento à pessoa atendida. Verifique presença de alergias aos medicamentos prescritos.
10. Coloque a máscara simples/cirúrgica.
11. Reconstitua o medicamento seguindo as orientações do fabricante.
12. Dose conforme a prescrição médica.
13. Deixe o paciente sentado (no leito ou na poltrona/cadeira).
14. Ofereça água.
15. Ofereça o medicamento em copo descartável.
16. Verifique se a pessoa deglutiu o medicamento.
17. Realize a checagem e a anotação de enfermagem, conforme o modelo apresentado no quadro 7.11.

QUADRO 7.11 – Modelo de anotação de enfermagem – via oral. Medicamentos em pó.

Data. + Hora. + Administrado item "x" da prescrição médica, por VO. + Carimbo profissional. + Assinatura.

Via sublingual

Como diz o nome, a via sublingual (SL) se refere à colocação do medicamento embaixo da língua da pessoa atendida.

Via sublingual: cuidados de enfermagem

1. Confira os certos dos medicamentos.
2. Higienize as mãos em todos os momentos indicados pela OMS.
3. Confira a prescrição de enfermagem para verificar recomendação ou restrição.

4. Confira a prescrição médica.
5. Leia atentamente o rótulo e confirme no guia farmacológico a indicação do medicamento.
6. Separe o material necessário: medicamento prescrito, bandeja devidamente desinfectada e copo descartável. A máscara simples/cirúrgica pode ser utilizada para conforto do paciente/cliente, pois o profissional está bem próximo do rosto.
7. Identifique-se e realize a identificação do paciente/cliente (pergunte nome completo e data de nascimento).
8. Explique o procedimento à pessoa atendida. Verifique a presença de alergia ao(s) medicamento(s) prescrito(s).
9. Deixe o paciente sentado (no leito ou na poltrona/cadeira).
10. Ofereça o medicamento em copo descartável ou no blister, colocando-o na mão da pessoa, caso ela assim prefira.
11. Peça à pessoa que toque o céu da boca com a língua, de modo que você possa colocar o comprimido com o auxílio do copo descartável ou para que ela o coloque.
12. Oriente a pessoa a reter a saliva na boca, sem engoli-la, até que o comprimido se dissolva. Reforce a importância de não engolir e não mastigar o medicamento para não prejudicar sua ação.
13. Após a completa dissolução do medicamento, peça à pessoa que engula a saliva e só então beber água.
14. A pessoa deve ser orientada a não comer enquanto o medicamento estiver sendo dissolvido.
15. Realize a checagem e a anotação de enfermagem, conforme o modelo apresentado no quadro 7.12.

QUADRO 7.12 – Modelo de anotação de enfermagem – via sublingual.

Data. + Hora. + Administrado item "x" da prescrição médica, por via SL. + Carimbo profissional. + Assinatura.

Via sonda nasoenteral

Alguns pacientes/clientes podem utilizar um dispositivo chamado sonda nasoenteral (SNE). Ela é destinada à alimentação, hidratação e medicação. A utilização da SNE acontece quando a pessoa é incapaz de ingerir o alimento embora o processo de absorção esteja preservado.

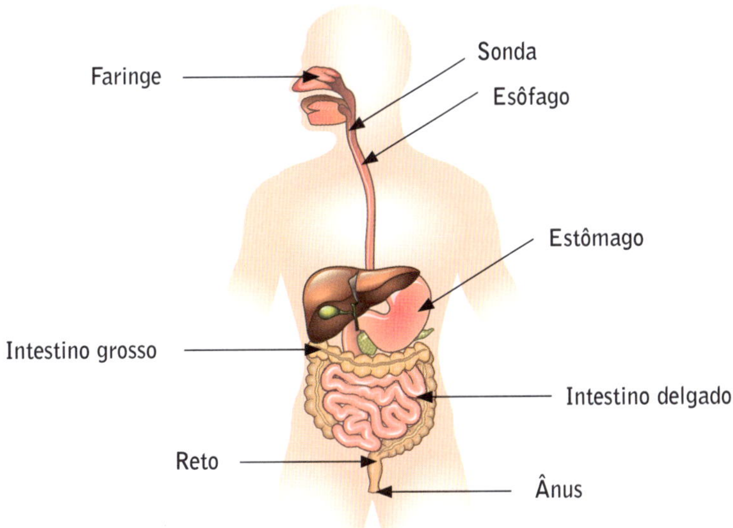

FIGURA 7.3 – Sonda nasoenteral.

Fonte: adaptado de Assistência de enfermagem humanizada... (2016).

De início, para esta administração, devemos considerar os aspectos apresentados a seguir:

- Nem todos os medicamentos podem ser administrados pela SNE.
- O medicamento sólido é diluído em água.
- Há necessidade de macerar comprimidos.
- Nem todos os medicamentos podem ser macerados. Consulte sempre o farmacêutico e/ou o guia farmacológico da instituição.
- Será necessário ficar atento às interações medicamentosas.
- O paciente/cliente precisa estar sempre com cabeceira elevada (a pelo menos 30°).

A maceração

Macerar é transformar medicamentos sólidos e inteiros (como os comprimidos) em pó, para que seja possível administrá-los via SNE.

Em geral, podemos realizar a maceração nas duas maneiras a seguir:

- Utilizando seringas para administração de medicamento oral. Colocamos dentro da seringa o medicamento e água filtrada, e usamos o êmbolo para transformar o medicamento em pó.
- Usando um pistilo (macerador). Colocamos o medicamento em um copo descartável (sugestão: copo de 50 mL), maceramos e, na sequência, colocamos um pouco de água (o suficiente para aspirar todo o pó do medicamento).

Como dito anteriormente, consulte sempre o farmacêutico e/ou o guia farmacológico da instituição. Há estudos que orientam sobre quais medicamentos podemos macerar, mas sempre confirme com a instituição.

Também recomendamos a leitura do artigo "Assistência farmacêutica na administração de medicamentos via sonda: escolha da forma farmacêutica adequada" (Lima; Negrini, 2009). Esse trabalho traz uma discussão interessante sobre os medicamentos que podem ser macerados e administrados via SNE.

#LEIATUDO

"Assistência farmacêutica na administração de medicamentos via sonda: escolha da forma farmacêutica adequada" (artigo). Disponível em: http://apps.einstein.br/revista/arquivos/PDF/1035-einsteinv7n1p9_17.pdf

Via SNE: cuidados de enfermagem

1. Confira os certos dos medicamentos.
2. Higienize as mãos em todos os momentos indicados pela OMS.
3. Confira a prescrição de enfermagem para verificar recomendação ou restrição.

4. Confira a prescrição médica.
5. Leia atentamente o rótulo e confirme no guia farmacológico a indicação do medicamento.

> Em situações nas quais devemos administrar mais de um medicamento via SNE no mesmo horário, faça o processo separadamente, em razão do risco de incompatibilidade físico-química.

6. Separe o material necessário: medicamento prescrito, bandeja devidamente desinfectada, seringa para SNE, luvas de procedimento, água filtrada, copo descartável, swab alcoólico e pano para limpeza profissional ou papel absorvente.
7. Identifique-se e realize a identificação do paciente/cliente (pergunte nome completo e data de nascimento).
8. Explique o procedimento à pessoa atendida. Verifique a presença de alergias ao(s) medicamento(s) prescrito(s).
9. Certifique-se de que o paciente/cliente esteja com cabeceira elevada a no mínimo 30°.
10. Calce as luvas de procedimento.
11. Prepare o medicamento de acordo com a forma: sólidos que são permitidos devem ser macerados, e os líquidos devem ser aspirados com seringa que possibilite conexão com SNE (deve ter bico, e não rosca).
12. Realize a desinfecção, com swab alcoólico, da extremidade da sonda indicada para a administração de medicamento. **Atenção:** caso o paciente/cliente esteja recebendo dieta enteral, esta deverá ser pausada e, após a administração, reiniciada.
13. Realize a "dobra" no equipo, para evitar que o conteúdo caia no lençol do paciente/cliente. Utilize tecido para limpeza profissional ou papel absorvente próximo, evitando possíveis respingos.
14. Administre 20 mL de água filtrada (flushing) com a seringa para SNE antes e depois do medicamento. **Atenção:** esse volume pode variar nas instituições, assim como em pacientes pediátricos e com restrição hídrica.

15. Realize novamente a "dobra" no equipo, para conectar a seringa para SNE com o medicamento. **Atenção:** caso vá administrar outro medicamento, faça um flushing com 10 mL de água filtrada entre os medicamentos. Dessa forma, você evita não só interação medicamentosa como também obstrução da sonda.

É necessário tomar cuidado para não tracionar (puxar acidentalmente a ponto de deslocar ou retirar a SNE). Caso isso aconteça, pare a infusão imediatamente e comunique o enfermeiro. Jamais reintroduza a sonda.

16. Descarte os materiais nos locais apropriados.
17. Realize a checagem e a anotação de enfermagem, conforme o modelo apresentado no quadro 7.13.

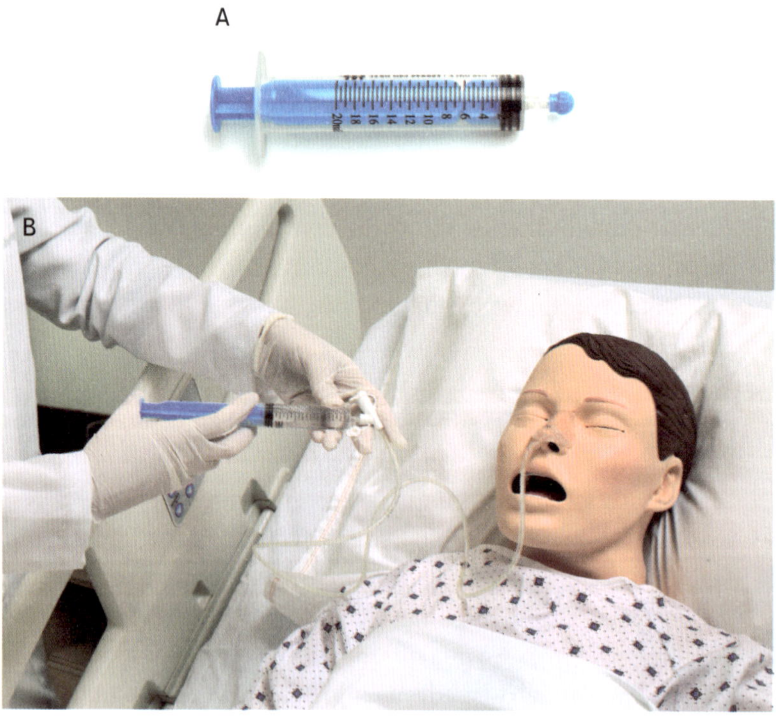

FOTOS 7.3A E 7.3B – Seringa (foto 7.3a) para realização de flushing (foto 7.3b).

QUADRO 7.13 – Modelo de anotação de enfermagem – via SNE.

Data. + Hora. + Realizo flushing com 20 mL de água filtrada antes e depois da administração do item "x" da prescrição médica por via SNE. Paciente mantido com cabeceira elevada a 30°. + Carimbo profissional. + Assinatura.

Caso haja necessidade de pausar a dieta para administrar os medicamentos via SNE
Data. + Hora. + Pauso dieta. Realizo flushing com 20 mL de água filtrada antes e depois da administração do item "x" da prescrição médica por via SNE. Religado dieta. Paciente mantido com cabeceira elevada a 30°. + Carimbo profissional. + Assinatura.

Via vaginal

O medicamento é administrado no canal vaginal. Para essa via de administração, podemos encontrar medicamentos nas formas de supositório, comprimidos, cápsulas (óvulos), geleias, cremes e pomadas, com uso ou não de aplicador.

> Esta prática pode gerar desconforto e embaraço na paciente/cliente. Releia o art. 43 do código de ética.

Via vaginal: cuidados de enfermagem

1. Verifique se a paciente/cliente está em quarto individual ou coletivo. Caso esteja em quarto coletivo, providencie biombo.
2. Confira os certos dos medicamentos.
3. Higienize as mãos em todos os momentos indicados pela OMS.
4. Confira a prescrição de enfermagem para verificar recomendação ou restrição.
5. Confira a prescrição médica.
6. Leia atentamente o rótulo e confirme no guia farmacológico a indicação do medicamento.

7. Separe o material necessário: medicamento prescrito, bandeja devidamente desinfectada, luvas de procedimento, máscara simples/cirúrgica e lençol (para forrar a cama).
8. Em caso de medicamento nas formas de geleia, creme e pomada, identifique-o com a etiqueta da paciente/cliente e coloque a data de abertura com o prazo de validade, conforme orientações da instituição. **Atenção:** esse prazo não é o mesmo que o prazo de validade do medicamento.
9. Identifique-se e realize a identificação do paciente/cliente (pergunte nome completo e data de nascimento).
10. Garanta que o ambiente permaneça fechado durante todo o procedimento.
11. Verifique se a paciente/cliente faz uso ou não de fralda e se está limpa. Em caso de presença de fezes e/ou urina, faça a higienização. Se apresentar outras sujidades (infecção com corrimento), realize a higiene íntima e comunique o enfermeiro.
12. Solicite ao acompanhante (exceto em casos de pediatria e idoso) que aguarde no lado de fora.
13. Explique o procedimento à pessoa atendida e ao acompanhante que permanecer no quarto. Verifique a presença de alergia ao(s) medicamento(s) prescrito(s).
14. Coloque o lençol embaixo da paciente/cliente.
15. Posicione a paciente/cliente em posição ginecológica.
16. Calce as luvas de procedimento e coloque a máscara simples/cirúrgica.
17. Verifique se há algum tipo de inflamação/infecção/lesão nos grandes e nos pequenos lábios, e comunique o enfermeiro. Não se esqueça de anotar.
18. Solicite à paciente/cliente que tente relaxar e avise que irá iniciar a administração.
19. Peça à paciente que respire fundo e, quando ela expirar, introduza o medicamento lentamente.
20. Oriente a pessoa a permanecer deitada, conforme orientação da bula.
21. Descarte os materiais nos locais apropriados e organize o quarto.

22. Realize a checagem e a anotação de enfermagem, conforme o modelo apresentado no quadro 7.14.

QUADRO 7.14 – Modelo de anotação de enfermagem – via vaginal.

Data. + Hora. + Administrado item "x" da prescrição médica, por VV. Orientada a permanecer deitada por "x" min. + Carimbo profissional. + Assinatura.

ORIENTAÇÕES ESPECÍFICAS PARA A ADMINISTRAÇÃO DE GELEIAS, CREMES E POMADAS

Na administração de medicamentos nessas formas, realize o preenchimento do aplicador conforme a bula. Os passos apresentados a seguir têm como base a bula para profissionais da saúde do medicamento nistatina, nos documentos da Anvisa ([20--b]).

> Sugere-se que a aplicação de creme vaginal ocorra à noite, próximo ao momento de dormir, para favorecer a retenção do medicamento. Verifique o aprazamento e as possibilidades.

1. Remova a tampa do tubo.
2. Realize a desinfecção para abertura do lacre (ver p. 96).
3. Adapte o aplicador ao bico do tubo.

> O **aplicador é de uso individual**, e muitas marcas de medicamento possuem um para cada aplicação (ou seja, descartável).

4. Puxe o êmbolo do aplicador até o final do curso e, em seguida, aperte delicadamente a base do tubo de maneira a forçar a entrada do creme no aplicador, preenchendo-o totalmente.

5. Desencaixe o aplicador e tampe o tubo imediatamente.
6. Introduza o medicamento na vagina suavemente, seguindo os passos já detalhados de identificação da paciente/cliente, segurança e privacidade.
7. Empurre o êmbolo com o dedo indicador até o final de seu curso, depositando assim todo o creme na vagina.
8. Após o uso, descarte o aplicador imediatamente.

Destacamos aqui dois pontos que contribuem para a segurança do profissional em suas atribuições.

- Pacientes/clientes menores de 18 anos necessitam da presença do responsável no momento da administração.
- Em caso de atuação de profissionais do sexo masculino, sugere-se que haja outra profissional, do sexo feminino, como testemunha. Verifique as regras da instituição em que você atua.

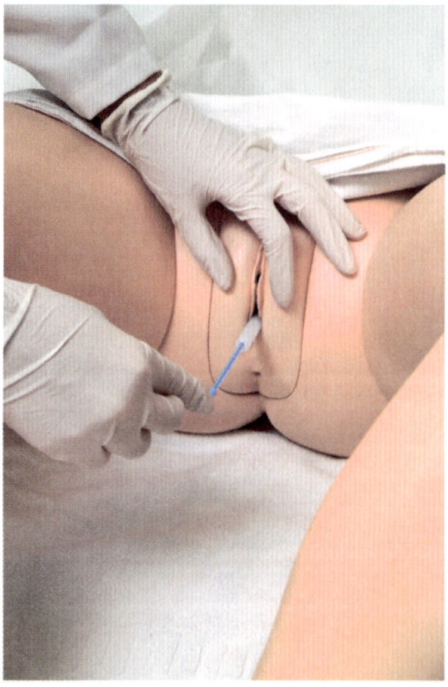

FOTO 7.4 – Manuseio do aplicador para a administração de medicamentos por via vaginal.

Via retal

Consiste na administração de medicamento na parte final do intestino, no reto. Existem algumas formas de medicamento que podem ser inseridas na via retal (VR), como supositórios, líquidos (pequenos e grandes volumes, soluções glicerinadas) ou pomadas. Esses medicamentos podem apresentar ação local ou sistêmica. O quadro 7.15 traz algumas classes de medicamentos que podem ser administrados via retal.

A absorção do medicamento administrado por esta via ocorre lentamente e de forma incompleta. Também há dificuldade na aceitação por parte do paciente. A administração por via retal é comumente utilizada na pediatra.

QUADRO 7.15 – Exemplos de medicamentos administrados por via retal.

Ação local	Ação sistêmica
Anestésicos (xilocaína).	Analgésicos (dipirona).
Emolientes (para fissuras anais).	Anti-inflamatórios (por exemplo, diclofenaco de sódio, piroxicam).
Laxantes (fosfatos).	Expectorante (cânfora + eucaliptol + mentol + guaiacol).
	Sedativos (por exemplo, hidrato de cloral, midazolam).

A administração por via retal pode gerar desconforto e embaraço no paciente/cliente. Vale reler o art. 43 do código de ética.

Via retal: cuidados de enfermagem

1. Verifique se o paciente/cliente está em quarto individual ou coletivo. Caso esteja em quarto coletivo, providencie biombo.
2. Confira os certos dos medicamentos.

3. Higienize as mãos em todos os momentos indicados pela OMS.
4. Confira a prescrição de enfermagem para verificar recomendação ou restrição e se o paciente está em uso de fralda no momento.
5. Confira a prescrição médica.
6. Leia atentamente o rótulo e confirme no guia farmacológico a indicação do medicamento.
7. Separe o material necessário: medicamento prescrito, bandeja devidamente desinfectada, luvas de procedimento, máscara simples/cirúrgica, óculos de segurança, fralda, comadre, lençol (para proteger o leito).
8. Identifique-se e realize a identificação do paciente/cliente (pergunte nome completo e data de nascimento).
9. Garanta que o ambiente permaneça fechado durante todo o procedimento.
10. Em paciente/cliente que está usando fralda, verifique se há presença de urina ou fezes e faça a higienização.
11. Solicite ao acompanhante (exceto em casos de pediatria e idoso) que aguarde no lado de fora.
12. Explique o procedimento à pessoa atendida e ao acompanhante que permanecer no quarto. Verifique a presença de alergia ao(s) medicamento(s) prescrito(s).
13. Coloque o lençol embaixo do paciente/cliente.
14. Posicione o paciente/cliente em posição de SIMS (decúbito lateral esquerdo com o membro inferior direito em flexão e o membro inferior esquerdo estendido ou levemente flexionado; ver foto 7.8).
15. Calce as luvas de procedimento e coloque a máscara simples/cirúrgica e os óculos de segurança.
16. Verifique, afastando a prega interglútea, se há algum tipo de inflamação na mucosa e comunique o enfermeiro. Não se esqueça de anotar.
17. Solicite ao paciente/cliente que tente relaxar e avise que irá iniciar a administração. Afaste a prega interglútea novamente com a mão não dominante e introduza o medicamento com a mão dominante. Peça ao paciente que respire fundo e, quando ele expirar, introduza o medicamento lentamente.

18. Descarte os materiais nos locais apropriados e organize o quarto.
19. Realize a checagem e a anotação de enfermagem, conforme o modelo apresentado no quadro 7.16.

QUADRO 7.16 – Modelo de anotação de enfermagem – via retal.

Data. + Hora. + Administrado item "x" da prescrição médica, por VR. + Carimbo profissional. + Assinatura.

ORIENTAÇÕES ESPECÍFICAS PARA A ADMINISTRAÇÃO DE SUPOSITÓRIOS

Alguns fabricantes orientam umedecer o supositório com água antes de introduzi-lo no reto.

1. Introduza o medicamento com auxílio do dedo indicador aproximadamente por 5 cm a 7 cm, direcionando-o para o umbigo ou conforme a bula.
2. Oriente o paciente a reter/segurar o supositório até que sinta vontade de evacuar (no mínimo 5 min). O tempo médio para atuação é de 15 a 30 min.
3. Em pediatria, introduza o supositório até ultrapassar o esfíncter interno do ânus. Atenção à força utilizada! Você pode utilizar outros dedos, que não o indicador, para reduzir a força. Além disso, você deve segurar as nádegas unidas ou solicitar que a mãe/responsável o faça (no mínimo 5 min).
4. Na anotação de enfermagem, registre, caso o supositório seja expelido, quais foram as providências tomadas.

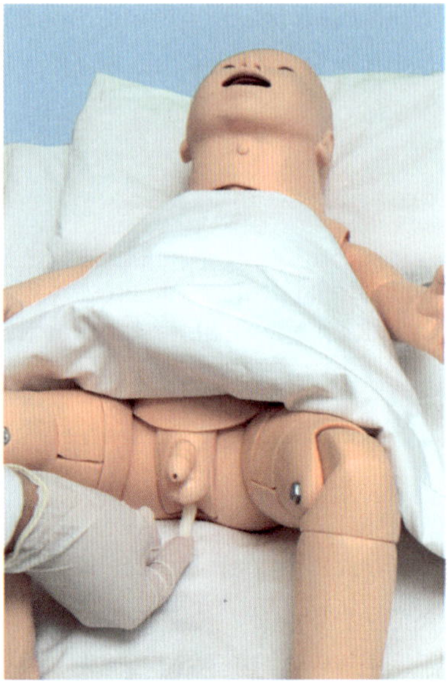

FOTO 7.5 – Introdução de supositório. Em crianças, pode-se usar o DDH para administração VR.

ORIENTAÇÕES ESPECÍFICAS PARA A ADMINISTRAÇÃO DE ENEMA OU CLISTER

Enema ou clister se referem às soluções com volume até 500 mL introduzidas no reto.

1. Realize as ações de 1 a 16 das páginas 125 e 126 (administração via retal).
2. Deixe a comadre próxima.
3. Retire a capa protetora do enema.
4. Passe anestésico local (conforme protocolo institucional) em toda a extensão da ponta anatômica do frasco com auxílio de uma gaze não estéril.
5. Afaste a prega interglútea.
6. Insira delicadamente a cânula no reto, com a ponta em direção ao umbigo.
7. Avise ao paciente/cliente que irá sentir o líquido.
8. Comprima o frasco até ser expelida a quantidade prescrita.

9. Retire a cânula do reto com auxílio de uma gaze não estéril.
10. Solicite ao paciente/cliente que segure a vontade de expelir o líquido o máximo que puder, a fim de proporcionar que o medicamento tenha tempo de ação.
11. Posicione a comadre.
12. Aguarde o resultado. Observe a característica das fezes (coloração, aspecto, odor) e a quantidade.
13. Caso seja necessário, faça higienização íntima depois do procedimento.
14. Deixe o paciente/cliente confortável.
15. Descarte os materiais nos locais apropriados.
16. Realize a checagem e a anotação de enfermagem, conforme o modelo apresentado no quadro 7.17.

QUADRO 7.17 – Modelo de anotação de enfermagem – via retal. Enema ou clister.

Data. + Hora. + Administrado item "x" da prescrição médica, por VR, com resultado positivo após 10 min, com fezes endurecidas, pequena quantidade, coloração escurecida e odor característico. + Carimbo profissional. + Assinatura.

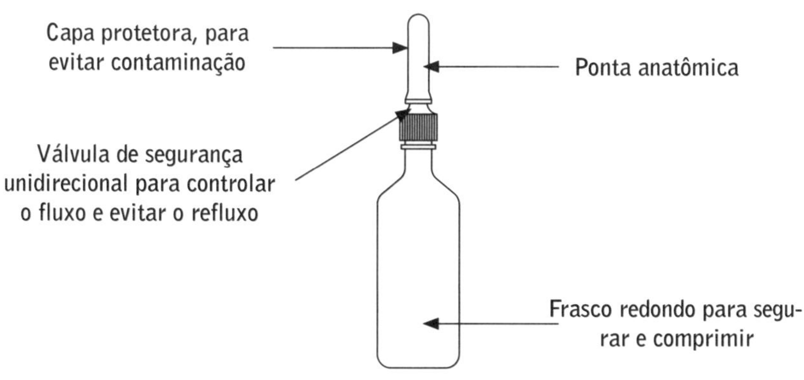

FIGURA 7.4 – Enema ou clister.
Fonte: Anvisa ([20–c], p. 4).

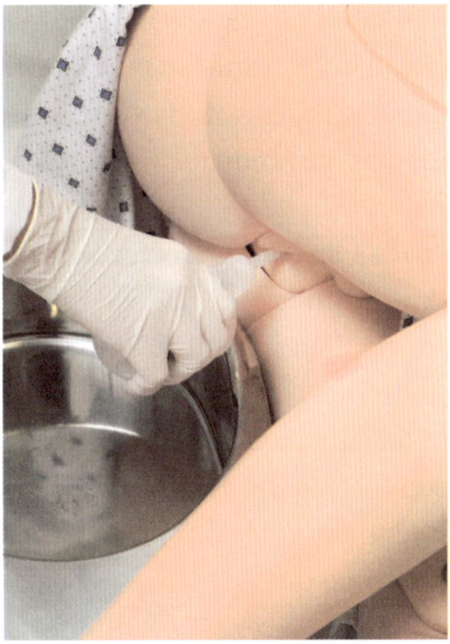

FOTO 7.6 – Administração de enema ou clister por via retal.

ENTEROCLISMA

Consiste na técnica que infunde (administra) volumes superiores a 500 mL por via retal. É comumente chamado de lavagem intestinal. Em geral, é utilizada glicerina 12%, administrada por meio de uma sonda retal.

FOTO 7.7 – Glicerina utilizada no enteroclisma ("lavagem intestinal").

1. Realize as ações de 1 a 16 das páginas 125 e 126 (administração via retal). No item relativo a materiais, o lençol é usado para cobrir o paciente. Acrescente, ainda, gaze não estéril, equipo macrogotas, sonda retal em tamanho adequado ao paciente/cliente e suporte de soro.
2. Cubra o paciente/cliente com lençol, expondo apenas a região de interesse (nádegas).
3. Aqueça a solução glicerinada a 37 °C (veja protocolo institucional sobre como aquecer).
4. Conecte a solução no equipo, e, este equipo, conecte na sonda retal. Use uma fita microporosa se necessário.
5. Preencha o equipo e a sonda.
6. Coloque a solução, devidamente identificada, no suporte de soro.
7. Lubrifique a sonda retal com a própria solução ou com lidocaína, se prescrição médica ou protocolo institucional.

> A lidocaína é um anestésico local/de superfície. Por ser um medicamento, deve estar prescrito pelo médico ou constar de protocolo institucional para ser utilizado na via de administração retal.

8. Introduza a sonda lentamente de 10 cm a 13 cm no adulto e de 5 cm a 7 cm na criança.

> Nunca force a introdução da sonda. Caso sinta resistência, procure o enfermeiro do setor e sinalize o médico. Em caso de desconforto abdominal, suspenda a infusão e comunique o enfermeiro e o médico.

9. Realize a fixação do equipo na pele do paciente com fita microporosa em região dorsal, evitando que a sonda saia antes do tempo de administração. Controle o gotejamento para que a infusão seja bem lenta, conforme prescrição médica.

10. Solicite ao paciente/cliente que segure a vontade de expelir o líquido o máximo que puder, a fim de proporcionar que o medicamento tenha tempo de ação.
11. Mantenha comadre/fralda próximas ou leve o paciente/cliente ao sanitário.
12. Aguarde o resultado. Observe a característica das fezes (coloração, aspecto, odor) e a quantidade.
13. Caso seja necessário, faça higienização íntima depois do procedimento.
14. Deixe o paciente/cliente confortável.
15. Descarte os materiais nos locais apropriados.
16. Realize a checagem e a anotação de enfermagem, conforme o modelo apresentado no quadro 7.18.

QUADRO 7.18 – Modelo de anotação de enfermagem – via retal. Enteroclisma.

Data. + Hora. + Administrado item "x" da prescrição médica, por VR, com resultado positivo após 30 min, com fezes endurecidas, média quantidade, coloração escurecida e odor característico. + Carimbo profissional. + Assinatura.

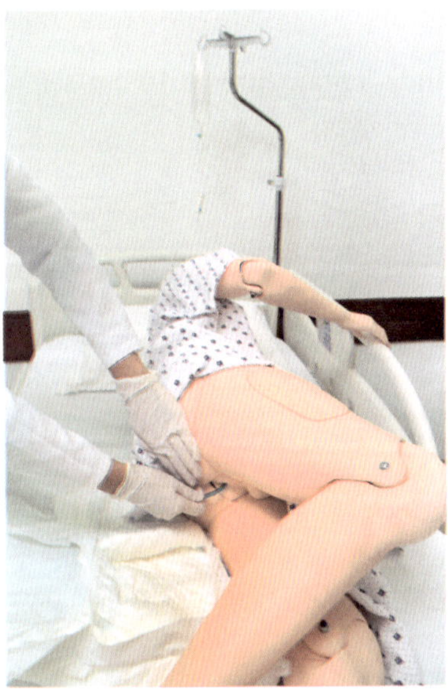

FOTO 7.8 – Introdução da sonda retal durante o enteroclisma ("lavagem intestinal").

Via intradérmica

A via intradérmica (ID) tem um ponto de destaque na saúde. Por meio dela, ocorre a imunização com a primeira vacina que todos devem receber, a BCG-ID (Bacillus Calmette-Guérin), assim como testes de alergias, testes diagnósticos (como da tuberculose, pela prova de PPD - derivado proteico purificado ou intradermorreação de Mantoux).

Por meio dessa via, ocorre a introdução de medicamentos na derme, que é a camada superficial da pele e possui absorção lenta.

O volume máximo permitido é de até 0,5 mL, iniciando em volumes bem baixos, como 0,05 mL, em vacinas em recém-nascidos. Para tanto, utiliza-se seringa específica para garantir a dose. A angulação é de 15°, conforme a figura 7.5.

As contraindicações para o uso dessa via estão relacionadas ao local de aplicação, pois deve-se evitar a administração em áreas com lesões, hiperemiadas, com cicatrizes, queimaduras, manchas ou tatuagens.

Os locais de aplicação são: face anterior do antebraço, inserção inferior do músculo deltoide, parte superior do tórax, superior do braço e da região escapular.

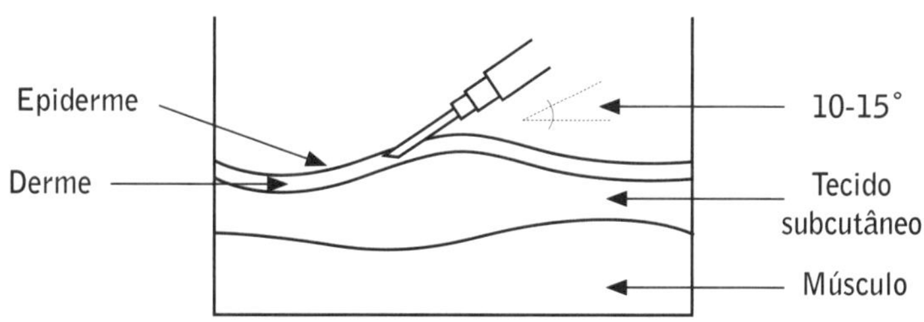

FIGURA 7.5 – Esquema para injeção intradérmica.

#LEIATUDO

Câmara Técnica – Orientação Fundamentada 100/15 – Coren-SP. "O Informe Técnico do Centro de Vigilância Epidemiológica – CVE: 'Treinamento na Técnica de Aplicação da Vacina BCG-ID' apresenta orientações para a capacitação dos profissionais de saúde. Assim sendo, os profissionais de Enfermagem (Enfermeiros, Técnicos e Auxiliares de Enfermagem), desde que comprovada sua capacitação técnica, são considerados aptos para a administração de imunobiológicos, incluindo a vacina BCG-ID."

Via intradérmica: cuidados de enfermagem

1. Confira os certos dos medicamentos.
2. Higienize as mãos em todos os momentos indicados pela OMS.
3. Confira a prescrição de enfermagem para verificar recomendação ou restrição.
4. Confira a prescrição médica ou o protocolo institucional.
5. Leia atentamente o rótulo e confirme no guia farmacológico ou na bula a indicação do medicamento.
6. Separe o material necessário: medicamento prescrito, bandeja devidamente desinfectada, luvas de procedimento, máscara simples/cirúrgica, óculos de segurança, agulha 25 × 7 mm (aspiração), agulha 13 × 4,5 mm ou 13 × 0,38 mm, seringa de 1 mL ou seringa tuberculínica, algodão e álcool 70%, swab alcóolico ou água e sabão, curativo adesivo ou fita microporosa e algodão.
7. Identifique o medicamento com a etiqueta do paciente/cliente e coloque a data de abertura com o prazo de validade, conforme as orientações da instituição. **Atenção:** esse prazo não é o mesmo que o prazo de validade do medicamento.[4]
8. Identifique-se e realize a identificação do paciente/cliente (pergunte nome completo e data de nascimento. Nos casos de recém-nascido, confirme os dados da mãe).

4 Esse passo é realizado apenas em medicamentos de múltiplas doses, como as vacinas. Os demais medicamentos serão aspirados conforme a dose, e as embalagens, descartadas.

9. Explique o procedimento à pessoa atendida (nos casos de recém-nascido, explique para a mãe).
10. Para o preparo, coloque a máscara simples/cirúrgica e os óculos de segurança.
11. Realize a desinfecção da borracha do frasco-ampola ou da ampola.
12. **Em caso de FA**, mantenha o protetor da agulha de aspiração e puxe o êmbolo até a graduação correspondente à dose prescrita.
13. Retire o protetor da agulha de aspiração e injete o ar dentro do frasco-ampola, correspondente à dose que será aspirada.
14. Posicione o frasco-ampola de cabeça para baixo, sem retirar a agulha, e aspire a dose prescrita. Remova cuidadosamente a agulha do FA.
15. **Em caso de ampola**, aspire a dose prescrita.
16. Proteja a agulha e verifique presença de bolhas de ar. Em caso positivo, faça o piparote (batidinhas no corpo da seringa com a unha) para retirá-las.
17. Realize a troca da agulha (coloque a agulha de aplicação).
18. Mantenha o sistema agulha-injeção protegido dentro da bandeja devidamente desinfectada até o momento da aplicação.
19. Avalie o local escolhido e verifique a presença de alguma lesão na área de aplicação. Em caso positivo, selecione outro local. A vacina BCG tem o protocolo do Ministério da Saúde de ser na altura da inserção inferior do músculo deltoide direito.
20. Higienize as mãos e calce as luvas de procedimento.
21. Posicione o paciente confortavelmente, de acordo com a região a ser administrada. Para a face anterior do antebraço, área de uso recorrente por ser pouco pigmentada, pouco vascularizada e ter pequena quantidade de pelos:
    21.1. Solicite ao paciente que estenda o cotovelo e apoie o antebraço sobre uma superfície plana, ou o faça pelo paciente;
    21.2. Delimite o local 3 a 4 cm abaixo da fossa antecubital e um palmo acima do punho.
22. Faça a antissepsia do local com algodão embebido em álcool 70% ou com swab alcoolico, em movimento único, circular e amplo, se houver indicação, deixando secar completamente para não interferir na absorção das substâncias injetadas na pele.

22.1 Dependendo do medicamento, a recomendação é substituir esse processo de antissepsia pela higienização da área com água e sabão neutro.

23. Avise o paciente/cliente e o acompanhante, no caso de neonatologia, antes da punção.
24. Retire a tampa protetora da agulha.
25. Segure a seringa entre o polegar e o indicador da mão dominante, como se fosse uma caneta. Não coloque seu polegar no êmbolo.
26. Estique a pele do paciente no local de aplicação, com os dedos indicador e polegar da mão oposta à mão dominante (mão que segura a seringa).
27. Introduza a agulha com as seguintes especificações: 1/3 da agulha na pele (2 mm), com ângulo de 5° a 15°.
28. Injetar o medicamento, empurrando o embolo com a mão oposta à que segura a seringa, observando a formação de uma pápula (foto 7.9).
29. Retire a agulha na mesma angulação pela qual foi feita a inserção, acionando o dispositivo de segurança, caso haja.
30. Descarte a seringa com a agulha na caixa de perfurocortante. Jamais reencape a agulha utilizada no paciente/cliente. Essa ação é proibida pelas boas práticas e coloca sua vida em risco.
31. Retire as luvas de procedimento.
32. Não friccione o local da pápula e oriente o paciente/cliente e o acompanhante a não fazerem esse movimento, assim como não coçar.
33. Coloque um curativo adesivo ou fita microporosa com algodão no local da punção.
34. Oriente o paciente/cliente sobre as possíveis complicações, de acordo com o medicamento.
35. Realize a checagem e a anotação de enfermagem, conforme o modelo apresentado no quadro 7.19.

QUADRO 7.19. Modelo de anotação de enfermagem – via intradérmica.

Data. + Hora. + Administrado item "x" da prescrição médica, por via ID, em "xxxxx" [deltoide direito, esquerdo, face anterior do antebraço esquerdo, ou outra região, etc.], com formação de pápula. Oriento não coçar, massagear ou estourar a pápula. + Carimbo profissional. + Assinatura.

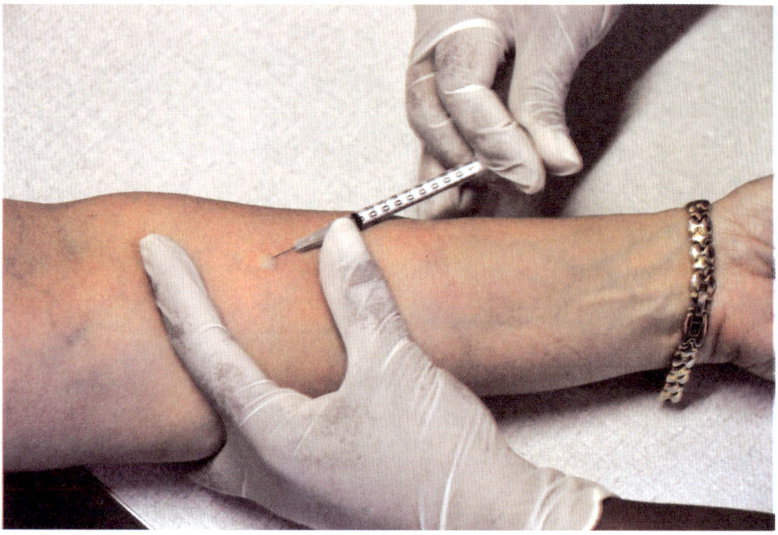

FOTO 7.9 – Aplicação da prova tuberculínica.

Fonte: MS/PNCT, 2013.

Via intramuscular

A via intramuscular (IM) é vastamente utilizada não só no tratamento como também na profilaxia de doenças (por exemplo, vacinas). O objetivo é que o medicamento seja administrado nos diversos músculos recomendados para a técnica.

Mesmo sendo amplamente adotada, a via IM pode oferecer complicações ao paciente/cliente:

- infecção (por quebra da técnica asséptica);
- abscesso no local da injeção;
- hematoma;
- fibrose e contratura do músculo esquelético;
- paralisia – lesão nervosa.

Irritação local, geralmente visualizada por uma vermelhidão, e dor local podem ser consequências do medicamento.

Para evitar complicações, independentemente do músculo escolhido, precisamos:

- fazer a seleção adequada do músculo, considerando idade, medicamento e volume a ser administrado (ver quadro 7.20);
- ter conhecimento anatômico, para a escolha correta do local de inserção da agulha;
- posicionar a pessoa atendida para uma prática segura;
- utilizar técnica asséptica;
- não aplicar em áreas comprometidas com feridas, cicatrizes, edemas, hematoma;
- fazer rodízio do local de punção em tratamentos com esta técnica (por exemplo, contra a sífilis), verificando o local da última aplicação na anotação de enfermagem anterior e confirmando com o paciente/cliente.

QUADRO 7.20 – Volumes máximos de medicamento recomendados para cada músculo e características das técnicas.

Deltoide – 0,5 mL a 1 mL 0,5 mL – crianças de 6 a 14 anos 1,0 mL – adolescentes 1,0 mL – adultos Utiliza-se a porção média do músculo deltoide. Este músculo é comumente indicado para a administração de vacinas em adultos. Ângulo da inserção: 90°.	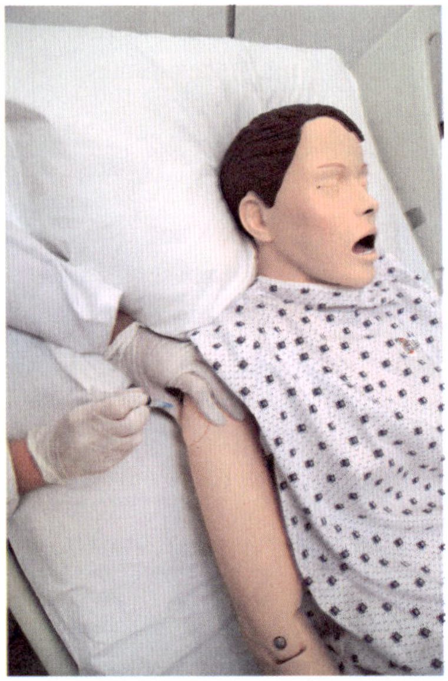
Ventroglúteo – 1,5 mL a 4 mL 1,5 mL – crianças de 3 a 6 anos 1,5 mL a 2,0 mL – crianças de 6 a 14 anos 2,0 mL a 2,5 mL – adolescentes 4,0 mL – adultos São utilizados os músculos glúteos médio e mínimo. Esta região, de localização profunda, é muito usada em outros países em razão da segurança que oferece, já que está distante de nervos e vasos importantes. Embora seja o local mais seguro para a técnica IM, no Brasil, é menos utilizada. Ângulo da inserção: 90°.	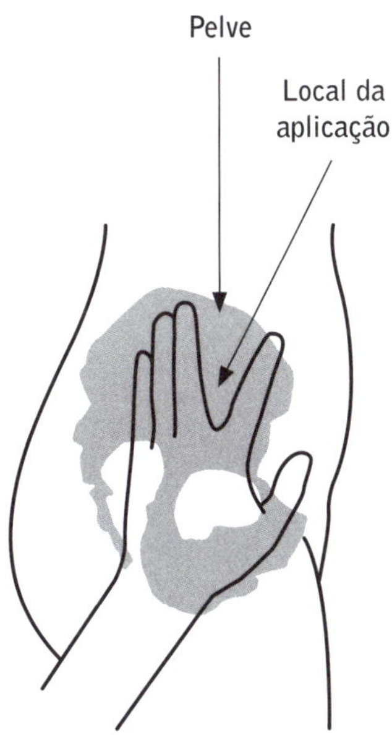

(cont.)

Dorsoglúteo – 1 mL a 4 mL 1,0 mL – crianças de 3 a 6 anos 1,5 mL a 2,0 mL – crianças de 6 a 14 anos 2,0 mL a 2,5 mL – adolescentes 4,0 mL – adulto Utiliza-se o músculo glúteo máximo. Esta região possui importantes estruturas que obrigatoriamente devem ser evitadas, como grandes vasos (artéria glútea) e nervos (ciático), como mostra o destaque. Neste local, a absorção do medicamento é relativamente lenta comparada à de outros músculos. Ângulo da inserção: 90°.	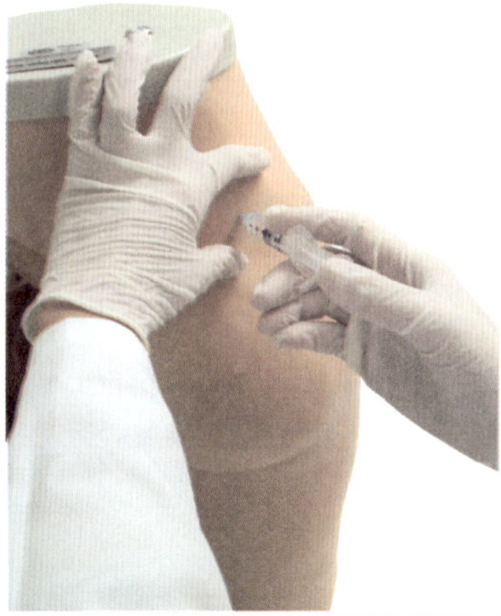 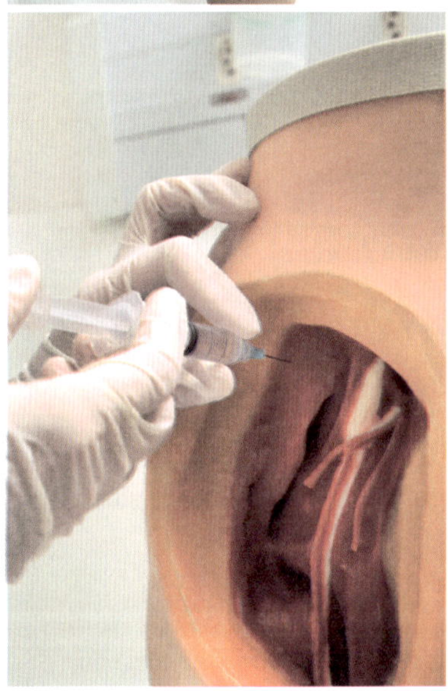

(cont.)

Vasto lateral – 0,5 mL a 4 mL 0,5 mL – prematuros e neonatos 1,0 mL – lactentes 1,5 mL – crianças de 3 a 6 anos 1,5 mL – crianças de 6 a 14 anos 1,5 mL a 2,0 mL – adolescentes 4,0 mL – adultos Deve-se localizar a região anterolateral da coxa. Ângulo da inserção: 45°.	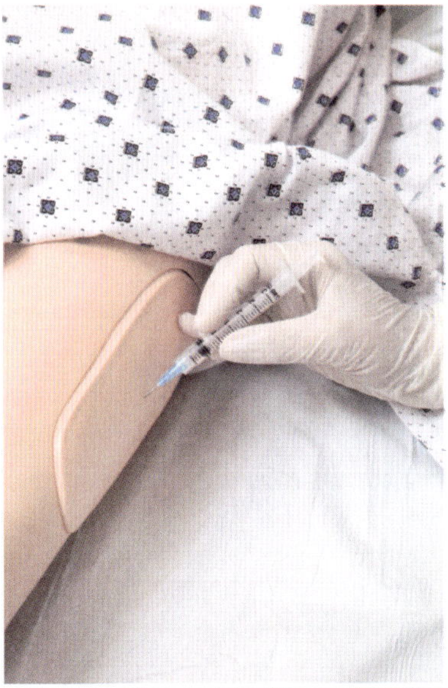 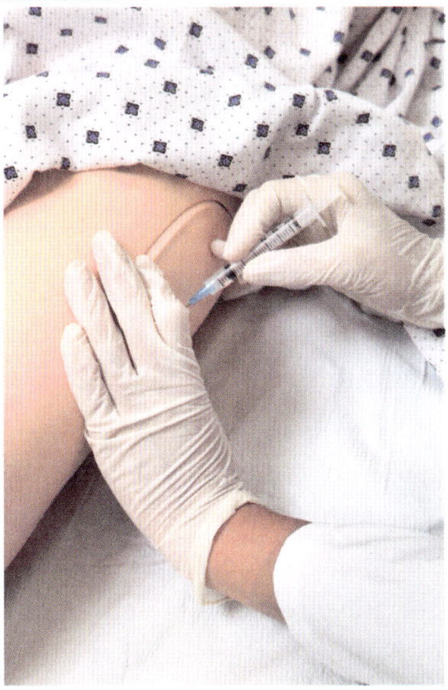

Além do local de aplicação, outra escolha que precisa ser cuidadosa é a da agulha. Para isso, devemos considerar outras características além do músculo, como a idade e o biótipo do paciente/cliente, como mostra o quadro 7.21.

Parecer Coren-SP nº 010/2020 (administração de medicamento via intramuscular). Disponível em: https://bit.ly/40DqSdp

QUADRO 7.21 – Escolha da agulha na via IM.

Faixa etária e IMC	Local de aplicação	Comprimento da agulha
Adulto com IMC normal ou acima	Deltoide, dorsoglúteo, ventroglúteo Vasto lateral	30 mm 25 mm
Adulto e adolescente de perfil magro	Dorsoglúteo e ventroglúteo Deltoide e vasto lateral	30 mm 25 mm
Crianças de 2 anos ou mais	Vasto lateral e dorsoglúteo	25 mm
Crianças de 2 anos ou mais de perfil magro	Vasto lateral e dorsoglúteo	20 mm
Crianças com menos de 2 anos	Vasto lateral	20 mm

IMC = ÍNDICE DE MASSA CORPÓREA.

Devemos considerar ainda as características do medicamento a ser administrado. Soluções aquosas devem ser administradas preferencialmente com agulhas de 0,7 mm de calibre, e soluções oleosas (alguns anticoncepcionais, por exemplo) ou suspensões, com agulhas 0,8 de mm. O calibre e o comprimento da agulha estão identificados na embalagem dela. Quanto às características do medicamento, ao fazer a aspiração com agulha própria para isso, você as perceberá, conseguindo assim escolher a agulha ideal.

Via intramuscular: cuidados de enfermagem

1. Confira os certos dos medicamentos.
2. Higienize as mãos em todos os momentos indicados pela OMS.
3. Confira a prescrição de enfermagem para verificar recomendação ou restrição.
4. Em caso de doses múltiplas, verifique o último local de aplicação na anotação de enfermagem.
5. Confira a prescrição médica.
6. Leia atentamente o rótulo e confirme no guia farmacológico a indicação do medicamento.
7. Separe o material necessário: medicamento prescrito, bandeja devidamente desinfectada, luvas de procedimento, máscara simples/cirúrgica, óculos de segurança, seringa com graduação apropriada para aspiração, agulha de aspiração, agulha de aplicação, swab alcoólico ou algodão e álcool 70% e curativo adesivo ou fita microporosa e algodão.
8. Identifique o medicamento com a etiqueta do paciente/cliente e coloque a data de abertura com o prazo de validade, conforme as orientações da instituição. **Atenção:** esse prazo não é o mesmo que o prazo de validade do medicamento.[5]
9. Identifique-se e realize a identificação do paciente/cliente (pergunte nome completo e data de nascimento).
10. Explique o procedimento à pessoa atendida. Verifique presença de alergia ao medicamento prescrito.
11. Para o preparo, coloque a máscara simples/cirúrgica e os óculos de segurança.
12. Realize a desinfecção da borracha do frasco-ampola ou da ampola.
13. **Em caso de FA**, mantenha o protetor da agulha de aspiração e puxe o êmbolo até a graduação correspondente à dose prescrita.
14. Retire o protetor da agulha de aspiração e injete o ar dentro do frasco-ampola, correspondente à dose que será aspirada.

5 Esse passo é realizado apenas em medicamentos de múltiplas doses, como as vacinas. Os demais medicamentos serão aspirados conforme a dose, e as embalagens, descartadas.

15. Posicione o frasco-ampola de cabeça para baixo, sem retirar a agulha, e aspire a dose prescrita. Remova cuidadosamente a agulha do FA.
16. **Em caso de ampola**, aspire a dose prescrita.
17. Proteja a agulha e verifique presença de bolhas de ar. Em caso positivo, faça o piparote (batidinhas no corpo da seringa com a unha), para retirá-las.
18. Realize a troca da agulha (coloque a agulha de aplicação).
19. Mantenha o sistema agulha-injeção protegido dentro da bandeja devidamente desinfectada até o momento da aplicação.
20. Explique o procedimento ao paciente/cliente e lhe pergunte o local da última aplicação (caso haja), para validação.
21. Avalie o local escolhido, verificando presença de qualquer alteração, como hematomas, endurecimento, edema, inflamação.
22. Higienize as mãos e calce as luvas de procedimento.
23. Estabilize/fixe o músculo, exercendo leve pressão.
24. Faça a antissepsia em movimento único, circular e amplo.
25. Avise a pessoa antes da punção.
26. Coloque entre seus dedos mínimo e anular da mão não dominante um swab alcoólico.
27. Retire a tampa protetora da agulha.
28. Segure a seringa entre o polegar e o indicador da mão dominante, como se fosse uma caneta. Não coloque seu polegar no êmbolo.
29. Introduza a agulha na angulação adequada a cada músculo (deltoide, ventroglúteo e dorsoglúteo, a 90°; vasto lateral, a 45°).
30. Realize a aspiração – etapa fundamental que garante que a via não será mudada. Não deve vir sangue. Caso venha, descarte todo o material, avise o paciente e refaça todas as etapas do preparo.

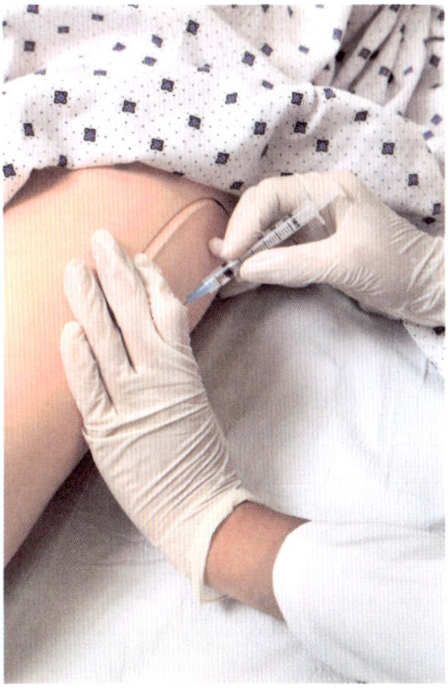

FOTO 7.10 – Aspiração, etapa fundamental antes da administração IM. (No exemplo, músculo deltoide.)

31. Administre o medicamento lentamente. Aguarde de 5 a 10 segundos.
32. Retire a agulha na mesma angulação pela qual foi feita a inserção, acionando o dispositivo de segurança caso haja.
33. Descarte a seringa com a agulha na caixa de perfurocortante. Jamais reencape a agulha utilizada no paciente/cliente. Essa ação é proibida pelas boas práticas e coloca sua vida em risco.
34. Comprima levemente o local da punção com swab alcoólico ou algodão embebido em álcool 70%. Não massageie o local.
35. Coloque um curativo adesivo ou fita microporosa com algodão no local da punção.
36. Oriente o paciente/cliente sobre as possíveis complicações, de acordo com o medicamento.
37. Descarte os materiais perfurocortantes na caixa adequada, e os demais, nos locais apropriados.
38. Realize a checagem e a anotação de enfermagem, conforme o modelo apresentado no quadro 7.22.

QUADRO 7.22 – Modelo de anotação de enfermagem – via intramuscular.

Data. + Hora. + Administrado item "x" da prescrição médica, por via IM, em "xxxxx" [glúteo máximo esquerdo, ou outra região etc.]. + Carimbo profissional. + Assinatura.

É fundamental colocar, na anotação, o lado em que foi feita a administração. Nunca se esqueça dessa informação.

Técnica em Z

É uma técnica utilizada na administração por via intramuscular (IM) com o objetivo de reduzir a irritação local da pele, diminuindo o desconforto e a ocorrência de lesões da região da injeção, frequentemente recomendada na administração de medicamentos com ferro (por exemplo, o sulfato ferroso). O Parecer Coren-SP nº 010/2020 conclui que é opcional a realização da técnica e explica como fazer.

Técnica em Z: cuidados de enfermagem

1. Selecione a região para administração via IM, preferencialmente um músculo grande e profundo, como o músculo ventroglúteo.
2. Prepare o medicamento e realize a antissepsia da região.
   2.1. Puxe lateralmente a pele e os tecidos subcutâneos aproximadamente 2,5 cm a 3,5 cm.
   2.2. Segure a pele esticada com a mão não dominante e introduza a agulha profundamente no músculo.
3. Administre conforme técnica descrita.
   3.1. Após a retirada da agulha, a pele é solta, o que cria um caminho em zigue-zague, promovendo um tampão que ocluirá seu ponto de introdução no músculo, de modo que a solução não refluirá no tecido subcutâneo, o que poderia provocar irritação (Figueiredo, 2010, p. 131).

E a vacina? Não aspira quando é por via intramuscular?

No documento do Ministério da Saúde de março de 2020, intitulado "Orientações quanto à aplicação de vacina intramuscular e a não indicação de aspiração", especificamente em relação à administração de vacina, consta:

> Dentro dos procedimentos para vacinação, destacamos que, a "aspiração no momento da administração do imunobiológico em tecido muscular, para verificar se foi atingido vaso sanguíneo, NÃO está mais indicada". De acordo com a literatura, é desnecessário esse procedimento, não havendo razões clínicas para sua realização, nas regiões deltoide, ventroglúteo e vasto lateral, com exceção da região dorsoglútea (Brasil, 2020, grifo nosso).

Além dessa recomendação, que deixa claro que a aspiração permanece necessária na região dorsoglútea e desnecessária às outras, também em relação à vacinação, não há indicação de realizar a assepsia com álcool 70% na pele, mas, antes da administração, avalia-se a integridade e a massa muscular à palpação, evitando locais com endurecimento ou doloridos, cicatrizes, manchas, tatuagens e lesões.

Outras considerações sobre a vacinação: na **região vastolateral**, deve-se seguir a sequência da técnica descrita e:

- Introduza a agulha com bisel lateralizado, em ângulo reto (90°) e não aspire.

No entanto, o ângulo de introdução da agulha pode ser ajustado conforme o tamanho da agulha e a massa muscular do usuário a ser vacinado.

#LEIATUDO

"Orientações quanto à aplicação de vacina intramuscular e a não indicação de aspiração". Disponível em: https://bit.ly/3WGqoCq

E SE O PACIENTE/CLIENTE APRESENTAR SILICONE NAS NÁDEGAS?

Para responder a essa dúvida, leia na íntegra o parecer do Cofen sobre a administração de medicamentos por via IM em pessoas que usam prótese de silicone. A discussão é referente ao tratamento de sífilis, que utiliza a administração IM, mas podemos utilizar a conclusão para qualquer tipo de medicamento e de tratamento em que o paciente/cliente apresente a prótese:

> [...] conclui que, se os volumes máximos a serem injetados por via IM são iguais para o vasto lateral, dorsoglúteo e ventroglúteo sendo a última região mais segura para inoculação de fármacos por ser livre de vasos ou nervos importantes e seu tecido subcutâneo de menor espessura, se comparado a outros músculos, esta deverá ser a via de administração IM (Cofen, 2016b).

Parecer nº 09/2016/CTAS/COFEN (aplicação em paciente/cliente com silicone). Disponível em: http://www.cofen.gov.br/parecer-no-092016ctascofen_42147.html

Via subcutânea e hipodermóclise

A **via subcutânea** e a **hipodermóclise** envolvem a administração de substâncias no tecido subcutâneo, porém diferem em indicações, volumes permitidos e tipos de medicamentos utilizados, conforme exemplificado no quadro abaixo e detalhado na sequência.

Da mesma maneira que a intramuscular, a via de administração subcutânea (SC) exige que o profissional localize corretamente a área em que ocorrerá a aplicação. Afinal, o medicamento tem propriedades físico-químicas que proporcionarão o efeito esperado **se e somente se** administrado no tecido subcutâneo, que é a terceira camada da pele.

Esta via é indicada quando há necessidade de que ocorra uma absorção lenta e contínua do medicamento. Um exemplo é a insulina, aplicada em portadores de diabetes ou em pessoas que estejam com a glicemia capilar alta. A insulina, assim como outros fármacos administrados por via subcutânea, faz parte dos medicamentos de alta vigilância, que exigem a chamada **dupla checagem** no momento de sua administração (ver p. 157).

Para localizar o tecido subcutâneo, que é o alvo desta aplicação, veja a figura 7.6.

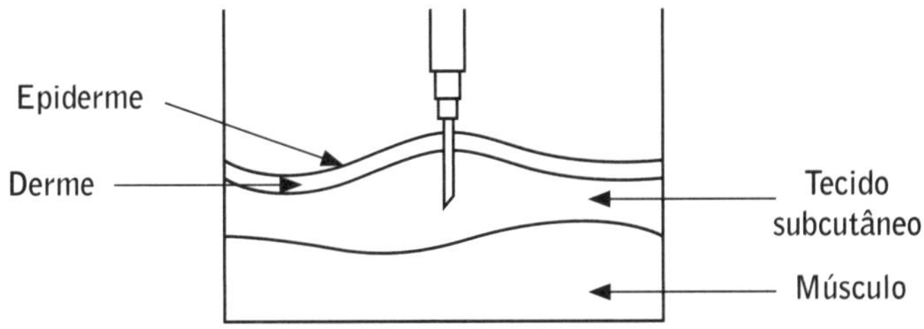

FIGURA 7.6 – Administração via subcutânea. A agulha ultrapassa a primeira camada da pele (chamada de epiderme) e a segunda camada (chamada de derme) até chegar à terceira camada (chamada de hipoderme ou tecido subcutâneo).

As áreas indicadas para a administração subcutânea de medicamentos são mostradas na figura 7.7.

> Realize sempre o rodízio nos locais de aplicação para evitar efeitos como a lipodistrofia (alteração da distribuição da gordura subcutânea). A mais comum é a lipo-hipertrofia (aumento anormal de gordura sob a pele).

A localização da administração via SC tem impacto na **velocidade de absorção** do medicamento. A sequência da mais rápida para a mais lenta é: abdome, braços, coxas e nádegas.

As áreas mostradas na figura 7.7 valem tanto para adultos como para crianças, mas há cuidados que precisam ser observados, conforme demonstrado a seguir.

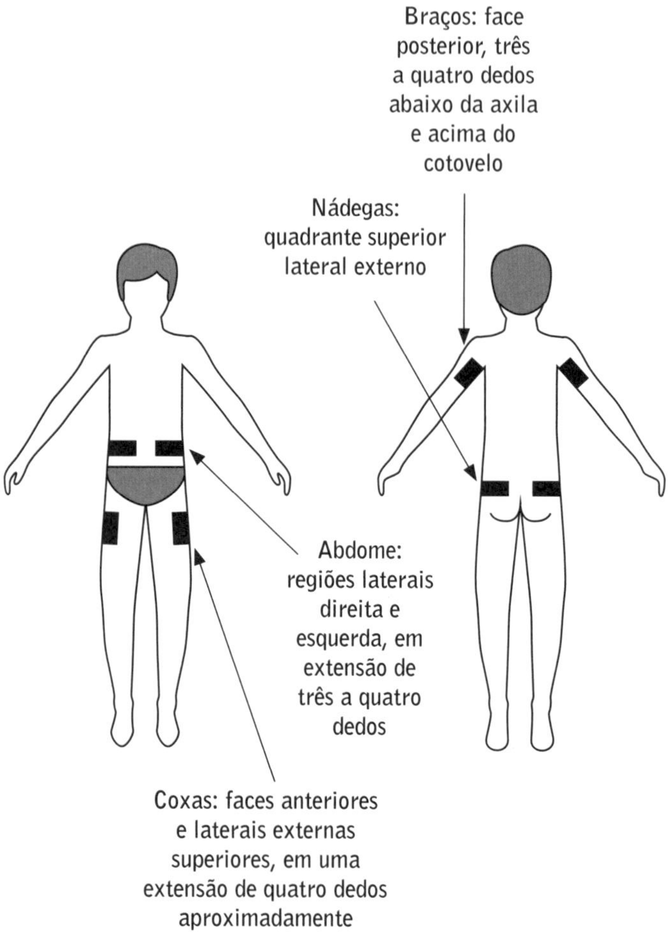

FIGURA 7.7 – Locais para administração de medicamentos via SC.
Fonte: adaptado de UFTM/SEE ([20–], p. 23).

- Em gestantes, evite a região periumbilical (mesmo considerando a distância adequada da cicatriz umbilical) no último trimestre de gravidez.
- Inspecione o local de administração rigorosamente antes da aplicação e não a realize sobre sinais de lipodistrofia, edema, inflamação e infecção.

Via subcutânea: cuidados de enfermagem

1. Confira os certos dos medicamentos.
2. Higienize as mãos em todos os momentos indicados pela OMS.
3. Confira a prescrição de enfermagem para verificar recomendação ou restrição.
4. Confira a prescrição médica.
5. Leia atentamente o rótulo e confirme no guia farmacológico a indicação do medicamento.
6. Leia a anotação de enfermagem para saber qual foi o local da aplicação mais recente.
7. Separe o material necessário: medicamento prescrito, bandeja devidamente desinfectada, luvas de procedimento, óculos de segurança, seringa de 100 UI ou 1 mL, agulha para aspiração (30 × 7), principalmente nos FA de insulina, agulha de aplicação (13 × 4,5) e swab alcoólico ou algodão e álcool 70%.
8. Identifique-se e realize a identificação do paciente/cliente (pergunte nome completo e data de nascimento).
9. Explique o procedimento à pessoa atendida. Verifique a presença de alergia ao(s) medicamento(s) prescrito(s).
10. Calce as luvas de procedimento e coloque os óculos de segurança.
11. Realize a desinfecção da borracha do frasco-ampola ou da ampola.
12. **Em caso de FA**, mantenha o protetor da agulha de aspiração e puxe o êmbolo até a graduação correspondente à dose prescrita.
13. Retire o protetor da agulha de aspiração e injete o ar dentro do frasco-ampola, correspondente à dose que será aspirada.
14. Posicione o frasco-ampola de cabeça para baixo, sem retirar a agulha, e aspire a dose prescrita. Remova cuidadosamente a agulha do FA.
15. **Em caso de ampola**, aspire a dose prescrita.
16. Proteja a agulha e verifique presença de bolhas de ar. Em caso positivo, faça o piparote (batidinhas no corpo da seringa com a unha), para retirá-las.
17. Realize a troca da agulha (coloque a agulha de aplicação).
18. Mantenha o sistema agulha-injeção protegido dentro da bandeja devidamente desinfectada até o momento da aplicação.

19. Caso seja medicamento de alta vigilância (insulina, enoxaparina; ver p. 157), solicite a outro integrante da equipe de enfermagem que realize a dupla checagem, verificando tipo de medicamento e dose, junto da prescrição médica.
20. Explique o procedimento ao paciente/cliente e lhe pergunte o local da última aplicação (caso haja), para validação.
21. Avalie o local escolhido, verificando presença de lipodistrofia, edema, inflamação e infecção.
22. Faça a antissepsia com swab alcoólico ou algodão embebido em álcool 70%.
23. Faça a prega.
24. Avise o paciente/cliente da "picada".
25. Introduza a agulha a 90°, mantendo a prega. Em caso de pessoas com pouco tecido subcutâneo, diminua a angulação para 45°.
26. Administre o medicamento.
27. Aguarde 3 segundos.
28. Retire a agulha na angulação que introduziu, mantendo a prega.
29. Novamente utilize swab alcoólico ou algodão embebido em álcool 70% no local da administração.
30. Descarte os materiais perfurocortantes na caixa adequada, e os demais, nos locais apropriados.
31. Realize a checagem e a anotação de enfermagem, conforme o modelo apresentado no quadro 7.23.

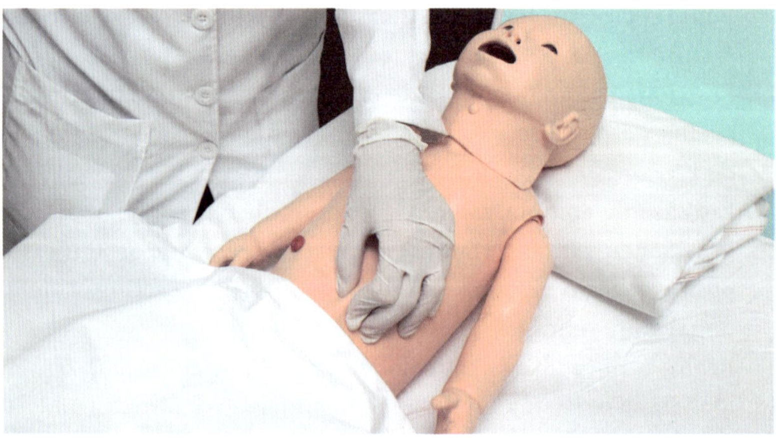

FOTO 7.11 – Prega para a administração via subcutânea (no exemplo, na região do abdome).

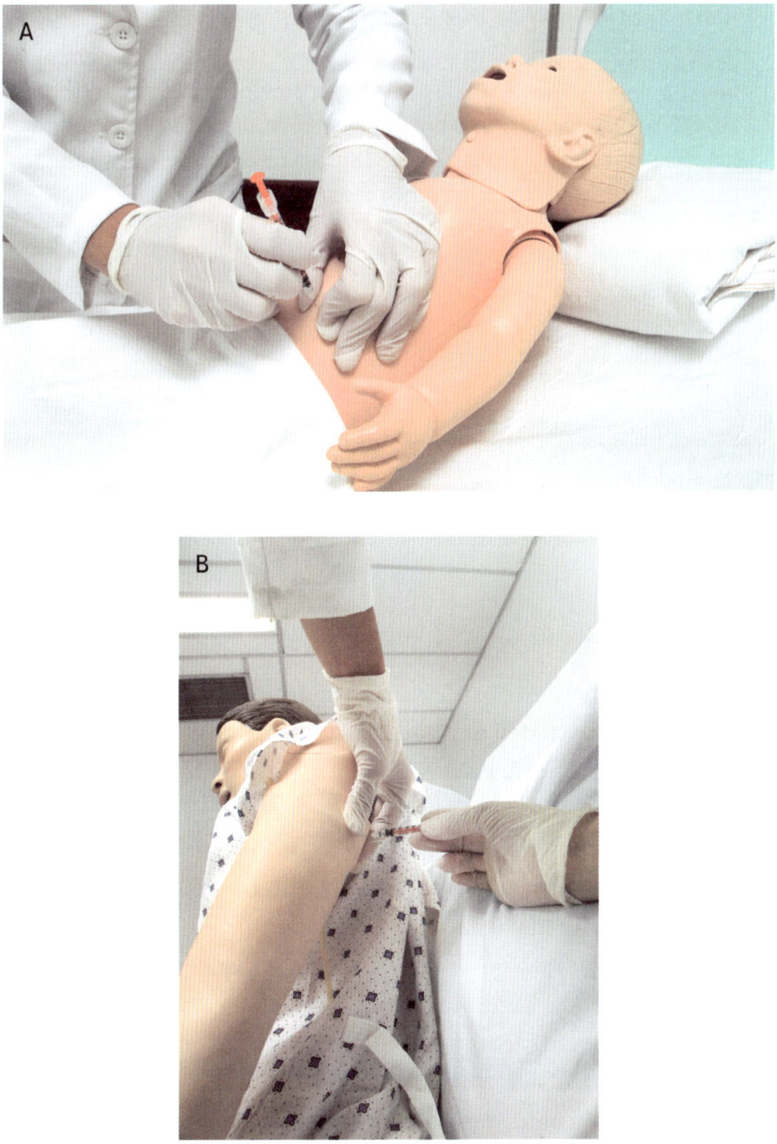

FOTOS 7.12A E 7.12B – Administração via subcutânea na região do abdome (foto 7.12a) e na face posterior do braço (foto 7.12b).

QUADRO 7.23 – Modelo de anotação de enfermagem – via subcutânea.

Data. + Hora. + Administrado item "x" da prescrição médica, 3 UI, por via SC, em parte posterior do braço esquerdo. Realizada dupla checagem com auxiliar de enfermagem "X". + Carimbo profissional. + Assinatura. (Informações sobre dupla checagem nesta página.)

Não se deve realizar massagem após aplicação via SC. Em caso de administração de insulina, por exemplo, a massagem aumentaria a velocidade de absorção desse medicamento, modificando sua ação. Também não se deve aplicar compressa fria, porque ela diminui a velocidade de absorção da insulina.

Hipodermóclise

A hipodermóclise consiste na infusão de soluções isotônicas e/ou medicamentos no tecido subcutâneo de forma contínua ou intermitente, indicada principalmente para reposição hidroeletrolítica e administração de medicamentos.

É indicada para pacientes/clientes com dificuldade de acesso venoso, em cuidados paliativos, assim como tratamento de desidratação leve a moderada. Esta via está contraindicada em situações de emergência (desidratação severa, sinais de choque hipovolêmico ou hipotensão, falência cardíaca severa, infarto agudo do miocárdio), edema generalizado, áreas previamente expostas a radioterapia ou submetidas a linfadenectomia, plaquetopenia severa, infecção de pele, doença alérgica ou outras lesões dérmicas próximas ao local de punção.

Na figura 7.8 você verifica os locais de administração (sítios de punção), assim como os volumes máximos permitidos.

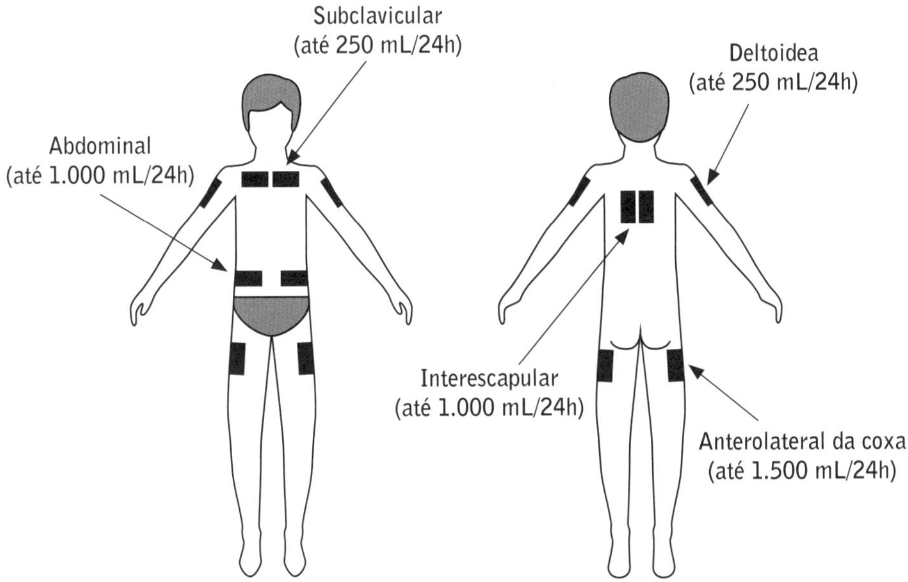

FIGURA 7.8 – LOCAIS DE PUNÇÃO VIA HIPODERMÓCLISE E VOLUMES MÁXIMOS DE INFUSÇÃO EM 24 HORAS.

Fonte: adaptado de Azevedo (2017).

VIA HIPODERMÓCLISE: CUIDADOS DE ENFERMAGEM

1 a 6. Repita as instruções da administração via subcutânea.

7. Separe o material necessário: cateter subcutâneo com dispositivo de segurança (tamanhos n. 22 ou 24 gauges), seringa (3 a 10 mL), flaconete de SF 0,9% de 10 mL, agulhas para aspiração, equipo de infusão, solução prescrita (ex.: SF 0,9% ou SG 5%), curativo estéril, álcool 70%, algodão ou gaze, luvas de procedimento e óculos de segurança.

8 a 11. Repita as instruções da administração via subcutânea.

12. Realize o preparo da solução a ser administrada conforme técnica "Preparo e administração de medicamento para técnica IV" na página 181.

13. Identifique-se e realize a identificação do paciente/cliente (pergunte nome completo e data de nascimento).

14. Explique o procedimento à pessoa atendida e verifique se há alergia a medicamentos ou soluções prescritas.
15. Escolha e avalie o local de aplicação. O local deve estar longe de proeminência óssea, articulação e, se o abdômen for selecionado, manter distância de 5 cm da cicatriz umbilical.
16. Realize a antissepsia do local escolhido com álcool 70%.
17. Calce as luvas de procedimento e coloque os óculos de segurança.
18. Segurar uma prega de pele (igual a técnica subcutânea anteriormente descrita) e introduzir o cateter na prega com o bisel voltado para cima. Utilizar ângulo de 45°. Em pessoas muito emagrecidas, a angulação pode ser reduzida a 30°. O sentido da punção deve ser de fora para dentro. Após introduzir metade do cateter, diminuir a angulação e terminar de introduzir o cateter. Retirar o mandril do cateter após a punção.
19. Aspire para testar a localização, se não atingiu algum vaso. Infunda 2 a 3 mL de soro fisiológico. Ao realizar esta infusão você irá sentir que ocorrerá uma elevação (abaulamento) na extremidade do cateter. Sucesso, isso deve realmente acontecer. Em caso de dor ou resistência, o cateter pode estar no músculo e, obrigatoriamente, deve-se retirar o dispositivo e realizar nova punção com, no mínimo, 5 cm distante da punção anterior, assim como nos casos que houver retorno de sangue na aspiração.
20. Realize a fixação do cateter com a com cobertura transparente estéril e administre de 3 a 5 mL de soro fisiológico 0,9% para lavar o lúmen do cateter.
21. Regule a velocidade de infusão conforme prescrição médica (**1 mL/min ou 60 mL/hora**).
22. Realizar monitoramento a cada 30 minutos durante a primeira hora e, posteriormente, a cada 6 horas, verificando sinais de extravasamento, dor, eritema ou edema.

De acordo com o *Manual de cuidados paliativos do Ministério da Saúde* (2023), “não há consenso na literatura quanto ao tempo de permanência do cateter no tecido subcutâneo, variando de 2 a 11 dias”. Verifique sempre com a instituição de saúde que você está.

QUADRO 7.24 – Modelo de anotação de enfermagem – via hipodermóclise.

Data. + Hora. Realizada punção em tecido subcutâneo, região de flanco esquerdo em primeira tentativa com cateter de 22° e fixado com película transparente. Feita permeabilização com 10 mL de SF 0,9% e administrada Ceftriaxona, conforme item "x" da prescrição médica, via hipodermóclise, com tempo de infusão de 60 minutos. + Carimbo profissional. + Assinatura.

Medicamento de alta vigilância e a dupla checagem

As instituições de saúde mantêm treinamentos e listas com medicamentos que exigem a dupla checagem. Esses itens são conhecidos como medicamentos de alta vigilância.

> São medicamentos que possuem um risco maior de causar dano significante ao paciente, quando utilizados erroneamente. Não significa que existe maior ou menor probabilidade de o erro acontecer, mas se este acontecer a consequência ao paciente é claramente mais grave (Mansur, 2008).

Alguns dos medicamentos de alta vigilância são:

- insulina;
- heparina e outros anticoagulantes;
- sedativos;
- anestésicos/ bloqueadores neuromusculares;
- eletrólitos de alta concentração: cloreto de potássio 19,1%, cloreto de sódio 20%.

Isso quer dizer que, para a segurança do paciente/cliente, é necessário inserir mais barreiras na utilização desses medicamentos (lembra-se do queijo suíço?). Essas barreiras envolvem a prescrição médica, a manipulação, a distribuição pela farmácia e a administração pela enfermagem.

Uma das barreiras adotadas pelas instituições é a colocação de adesivos e sacos plásticos coloridos que chamem a atenção do profissional de saúde, como mostram as fotos 7.13a a 7.13d.

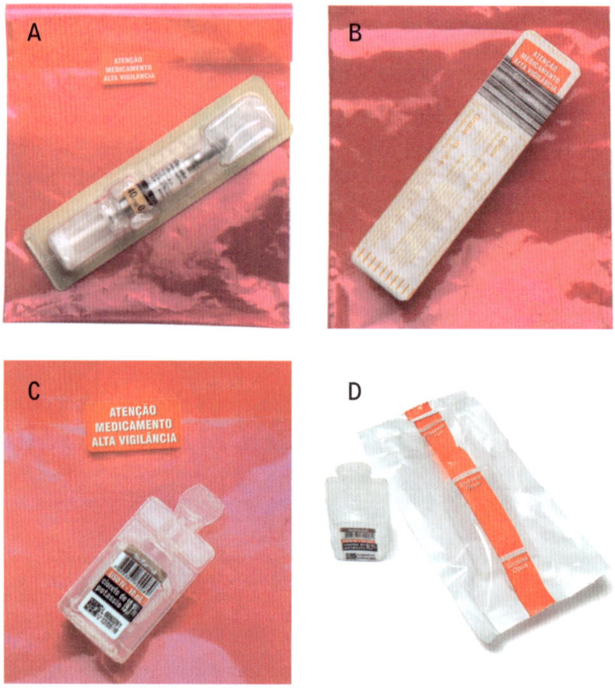

FOTOS 7.13A A 7.13D – Medicamentos de alta vigilância: seringa pronta para uso do anticoagulante Clexane® (fotos 7.12a e 7.12b) e flaconete de cloreto de potássio 19,1% (fotos 7.13c e 7.13d), com adesivos e em embalagens coloridas.

Sempre que você tiver de administrar um medicamento de alta vigilância, deverá realizar a dupla checagem, tanto no preparo do medicamento como no momento de administrá-lo, inclusive se o paciente/cliente fizer uso de bomba de infusão contínua.

Realize a dupla checagem em dois profissionais da enfermagem (ou conforme o protocolo institucional) desta maneira:

- no momento do preparo;
- no momento antes da administração do medicamento;
- no momento da programação da bomba, caso o medicamento seja administrado em bomba de uso contínuo.

Os Conselhos Regionais de Enfermagem publicaram pareceres sobre esse assunto. O Parecer Coren-SP nº 040/2013 – CT traz a seguinte descrição:

> O Enfermeiro pode realizar dupla checagem sobre todos os procedimentos executados pelos membros da equipe de Enfermagem, inclusive sobre enfermeiros. O Técnico de Enfermagem sobre outros Técnicos e Auxiliares de Enfermagem, e o Auxiliar apenas sobre outros Auxiliares de Enfermagem.
> [...]
> O profissional que realiza a segunda checagem é corresponsável pelo procedimento devendo registrar documentalmente somente no campo correspondente à anotação de Enfermagem (Coren-SP, 2013c).

#LEIATUDO

Parecer Coren-SP nº 040/2013 – CT (dupla checagem). Disponível em: http://portal.coren-sp.gov.br/sites/default/files/parecer_coren_sp_2013_40.pdf

SOBRE A INSULINA

A insulina é um hipoglicemiante (ou seja, reduz a glicose no sangue) e é considerada um medicamento de alta vigilância, por se enquadrar na classificação de medicamentos potencialmente perigosos.

A Sociedade Brasileira de Diabetes (SBD) estabeleceu a conduta terapêutica no diabetes tipo 2 (2017) e apresenta uma tabela bastante útil para a consulta dos tipos de insulina, do tempo de ação, do pico de ação e da duração do efeito terapêutico.

QUADRO 7.24 – Propriedades farmacocinéticas de insulinas e análogos.

Nome científico (comercial)	**Tipo**	**Início**	**Pico**	**Duração**
Insulinas basais				
Insulina NPH (Humulin N®/ NovolinN®)	Insulina intermediária	2 a 4 h	4 a 10 h	10 a 18 h
Glargina – 100 UI/ mL (Lantus®)	Análogo de ação longa	2 a 4 h	–	20 a 24 h
Detemir (Levemir)	Análogo de ação intermediária	1 a 3 h	6 a 8 h	18 a 22 h
Glargina U300 (Toujeo®)	Análogos de ação ultra longa	6 h	–	36 h
Degludeca (Tresiba®)		< 4 h	–	42 h
Insulinas prandiais (*bolus*)				
Insulina regular (Humulin R/ Novolin R)	Insulina rápida	30 a 60 min	2 a 3h	5 a 8 h
Asparte (Novorapid) Lispro (Humalog) Glulisina (Apidra)	Análogos de ação ultrarrápida	5 a 15 min	30 min a 2h	3 a 5 h
Fast Asparte (Fiasp) Insulina humana inalada (Afrezza)	Análogo de ação ultrarrápida	2,5 min imediato	1 a 3 h 10 a 20 min	5 h 1 a 2 h

(cont.)

Nome científico (comercial)	Tipo	Início	Pico	Duração
Insulinas pré-misturadas				
70% NPH/30% R (Humulin 70/30)	Insulina NPH + Regular	30 min a 1 h	3 a 12 h	10 a 16 h
75% NPL/25% Lispro (Humalog Mix 25)	Insulina NPL + Lispro	5 a 15 min	1 a 4 h	10 a 16 h
50% NPL/50% Lispro (Humalog Mix 50)				
70% NPA/30% Asparte (NovoMix70/30)	Insulin NPA + Asparte			

LEGENDA: NPH = PROTAMINA NEUTRA HAGEDORN; NPL = PROTAMINA NEUTRA LISPRO; PROTAMINA NEUTRA ASPARTE.

Fonte: SBD (2022).

#LEIATUDO

Texto da Sociedade Brasileira de Diabetes sobre as diretrizes para insulinoterapia no DM1. Disponível em: https://diretriz.diabetes.org.br/insulinoterapia-no-diabetes-mellitus-tipo-1-dm1/. Acesso em: 6 jan. 2025.

Em relação à temperatura de armazenamento, a SBD traz as recomendações apresentadas no quadro 7.25.

QUADRO 7.25 – Conservação da insulina.

Insulina	Temperatura	Validade
Insulina lacrada	Sob refrigeração, entre 2 °C e 8 °C.	Dois a três anos, de acordo com o fabricante, a partir da data de fabricação.
Insulina em uso Frasco e caneta descartável	Sob refrigeração, entre 2 °C e 8 °C, ou até 30 °C, em temperatura ambiente.	Quatro a oito semanas após a data de abertura e início do uso, de acordo com o fabricante.
Insulina em uso Caneta recarregável	Até 30 °C, em temperatura ambiente.	Quatro a oito semanas após a data de abertura e início do uso, de acordo com o fabricante.

Fonte: SBD (2015).

Mantenha-se sempre atento! Os frascos e embalagens dos tipos de insulina podem ser muito parecidos, como mostra a foto 7.14. Embora haja essa semelhança em frascos e embalagens, o tempo de ação de cada medicamento é diferente, impactando o tratamento do paciente/cliente.

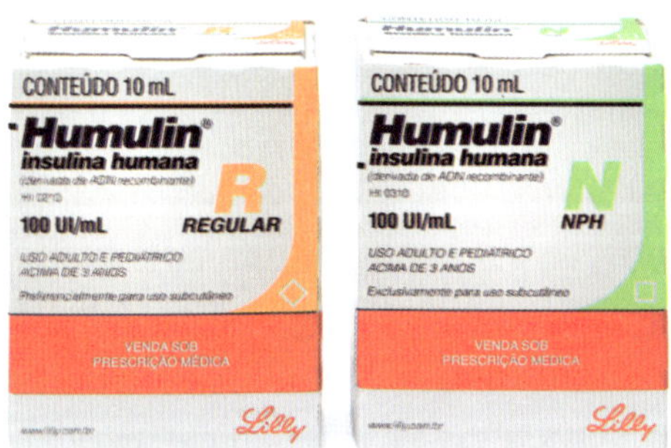

FOTO 7.14 – Exemplo de embalagens semelhantes de dois diferentes tipos de insulina.

Para a técnica de preparo e administração de insulina com caneta, recomendamos a leitura das diretrizes da SBD (2022).

#LEIATUDO

Diretrizes da Sociedade Brasileira de Diabetes (aplicação de insulina). Disponível em: https://diretriz.diabetes.org.br/tecnicas-de-aplicacao-de-insulina/. Acesso em 6 jan. 2025.

Via intravenosa

Na via intravenosa (IV), o medicamento é administrado diretamente na corrente sanguínea por meio de uma veia. A administração pode abranger desde uma única dose até uma infusão contínua.

A expressão empregada quando abordamos a infusão de medicamento na corrente sanguínea é terapia intravenosa (TIV), e a via de administração é a IV.

Esta via é a recomendada quando o objetivo é administrar:

- grandes volumes de medicamentos;
- substâncias irritantes que poderiam causar necrose tecidual;
- medicamentos/drogas dolorosos por outras vias.

Ou, ainda, quando:

- busca-se uma ação imediata do medicamento, pois a terapia intravenosa é mais rápida se comparada às vias intramuscular, subcutânea e oral;
- pretende-se uma administração rápida de soluções (situações de choque, por exemplo).

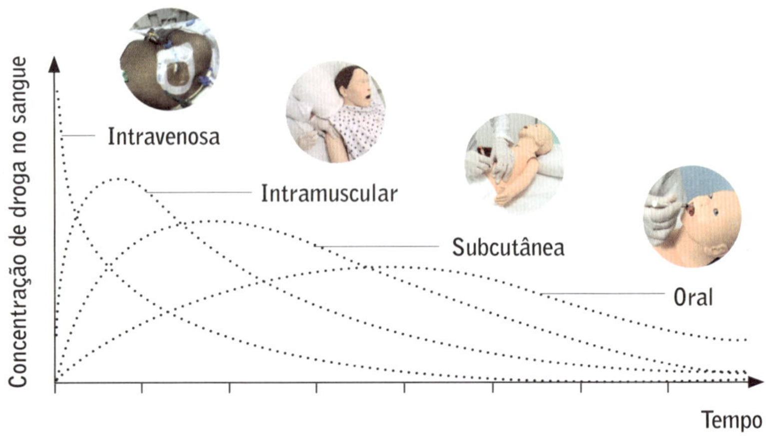

FIGURA 7.8 – Velocidade de ação do medicamento conforme a via de administração.

Como vimos, a velocidade de ação do medicamento está diretamente relacionada com a via. Isso também significa que, em caso de qualquer reação adversa, ela será percebida na mesma velocidade.

No caso da terapia intravenosa, as complicações podem ser as citadas a seguir.

- **Flebite.** É a inflamação aguda da parede da veia.
- **Infiltração.** Ocorre quando o cateter não está no interior da veia e a solução infundida é não vesicante. Causa edema e dor.
- **Extravasamento.** Ocorre quando o cateter não está no interior da veia e a solução infundida é vesicante ou irritante, causando a destruição dos tecidos, causando edema e muita dor (embora haja situações em que o paciente/cliente não sente dor).
- **Hematoma.** É um acúmulo de sangue localizado do lado de fora do vaso. Ocorre quando percebemos que o local da punção ficou com coloração roxa.
- **Obstrução ou oclusão.** Percebemos quando vamos administrar algum medicamento e sentimos resistência. É caracterizada pelo bloqueio do vaso em razão de formação de coágulo sanguíneo ou precipitado de fármaco, podendo levar a danos mais graves quando há formação de trombos.

Em caso de oclusão, jamais tente forçar a seringa para "desobstruir", pois isso é capaz de provocar um deslocamento de trombo e ocasionar sérios danos ao paciente/cliente. Você deve retirar o cateter e realizar nova punção venosa (ver p. 45).

- **Deslocamento acidental do dispositivo.** Ocorre quando o cateter sai do vaso sanguíneo.
- **Infecção de corrente sanguínea relacionada a cateteres.** Consiste na entrada de micro-organismos por meio dos cateteres, propiciando uma infecção. Ocorre por falhas no processo de punção, higienização deficiente das mãos e não desinfecção dos conectores antes da manipulação.

IV ou EV?

No dia a dia, ouvimos e lemos em prescrições médicas a expressão "via endovenosa" (EV). Ela é um sinônimo da intravenosa. Um dos motivos de usarem a sigla EV, principalmente nas prescrições médicas manuais, é evitar confusão com a via intramuscular (IM), cuja sigla é semelhante com IV, como mostra a figura 7.9.

Vancomicina 1g IM
×
Vancomicina 1g IV

FIGURA 7.9 – Exemplo de confusão entre IM e IV em prescrição manual.

O medicamento utilizado no exemplo da figura, a vancomicina, deve ser administrado **exclusivamente** por via intravenosa, pois na administração via intramuscular, ou em caso de extravasamento, podem ocorrer desde dor até a morte do tecido (necrose).

Assim, ao ler "endovenosa" ou "EV" em uma prescrição médica, considere que o significado é o mesmo de "intravenosa" e "IV".

Dispositivos utilizados

Cateter venoso periférico (CVP) ou acesso venoso periférico (AVP)? A expressão atual para nos referirmos ao dispositivo colocado no paciente/cliente para receber a TIV é cateter venoso periférico.

A depender das condições clínicas do paciente/cliente, poderemos encontrar outros dispositivos. O quadro 7.26 apresenta alguns deles.

QUADRO 7.26 – Dispositivos para a terapia intravenosa.

Dispositivo	Sigla	Indicação	Responsável por instalar/ puncionar	Responsável pela manutenção
Cateter venoso periférico	CVP	Acesso venoso rápido para infusão de fluidos; necessidade de medicação por via IV inferior a 7 dias.	Equipe de enfermagem	Equipe de enfermagem
Cateter venoso central – curta permanência	CVC	Pacientes/clientes sem acessos venosos periféricos. Pacientes/clientes com necessidade de monitorização hemodinâmica (exemplo: medida de pressão venosa central). Administração de medicamentos de forma rápida em pacientes instáveis, assim como administração de expansores de volume e hemoderivados. Administração de soluções/ medicamentos que não são indicados por via periférica. Pacientes com indicação de cirurgias de grande porte (por exemplo, cardíaca).	Médicos	Equipe de enfermagem

Dispositivo	Sigla	Indicação	Responsável por instalar/ puncionar	Responsável pela manutenção
Cateter central de inserção periférica	PICC	Antibioticoterapia superior a 6 dias. Rede venosa prejudicada. Fármacos irritantes ou vesicantes, vasoativos.	Enfermeiros	Equipe de enfermagem

Escolha do local

O profissional de enfermagem deve desenvolver a habilidade de escolher o acesso venoso adequado. A seleção de veia e da região é feita conforme a faixa etária. Também é preciso considerar contraindicações, que podem ser absolutas ou relativas.

Absolutas

- Mastectomias com esvaziamento axilar.
- Membros com distúrbios de mobilidade e sensibilidade.
- Presença de queimaduras, escoriações, flebite, dermatite, celulite em local da punção.
- Infiltração intravenosa prévia, fástulas arteriovenosas (pacientes de hemodiálise), com retorno venoso prejudicado.
- Necessidade de administrar nutrição parental excedendo 10% de dextrose e/ou 5% de proteínas
- Casos de recusa do paciente/familiar.

Relativas

- Tempo de terapia medicamentosa acima de seis dias.
- Local de inserção: fossa cubital, próximo a articulações.
- Membros inferiores.
- Região cefálica nas crianças e neonatos.
- Soluções com pH não fisiológico e/ou osmolaridade ≥ 900mOsm/L.
- Administração de drogas vesicantes ou irritantes.

FIGURA 7.10 – Contraindicações na inserção de cateter venoso periférico.

Em relação à figura 7.10, vale explicar melhor algumas das **contraindicações relativas**.

Quando a **internação ultrapassa 6 dias**, mesmo que se realize o rodízio do local de punção, é importante que a estratégia de cateter seja modificada. Obviamente, cada tipo de serviço trabalha com uma realidade. O recomendado seria **colocar outro tipo de cateter** que não o CVP.

A **fossa cubital não é um local de escolha para pacientes internados**. Mas aqueles que estão sendo atendidos em pronto-socorro ou pronto atendimento e que receberão pouco tempo de medicação, ou que estão apenas passando por coleta de sangue para análises laboratoriais, podem ser puncionados nesse local. Pacientes internados ficam com os movimentos limitados, causando, além de desconforto e irritação, a possibilidade de saída do cateter do vaso, podendo levar a infiltração ou extravasamento.

Por fim, **embora veias periféricas não devam receber drogas vesicantes ou irritantes**, em casos de emergência elas **podem ser utilizadas por curto período de tempo**, até que sejam estabelecidas outras vias.

ORIENTAÇÕES SOBRE ACESSO CONSIDERANDO A FAIXA ETÁRIA

- **Recém-nascidos e menores de dois anos.** Região cefálica (cabeça) e região cervical (pescoço). Verifique sempre o protocolo de sua instituição (algumas não permitem punção na cabeça). Membros superiores (mão, antebraço e braço) e membros inferiores (pernas e pés).
- **Crianças até 2 anos.** Membros superiores (mão, antebraço e braço). Caso a criança ainda não ande, as veias dos pés são possibilidades.
- **Maiores de 2 anos, adultos e idosos.** Membros superiores (mão, antebraço e braço).

Em maiores de 2 anos, adultos e idosos, os membros inferiores (pernas e pés) não devem ser utilizados, em razão de complicações de retorno venoso (tromboflebites, embolias). Em casos extremos, consulte a equipe multidisciplinar.

A mão é tão indicada para a punção quanto o antebraço, mas atualmente recomenda-se o antebraço para evitar limitação de mobilidade/incômodo do paciente – por exemplo, na alimentação. No entanto, pode ser utilizada em situações de pronto-socorro ou pronto atendimento, em que haverá pouco tempo de medicação, ou de dificuldade de acesso em outros locais.

A ordem de locais de punção nos maiores de 2 anos, adultos e idosos, de preferência no membro não dominante, é mostrada na figura 7.11.

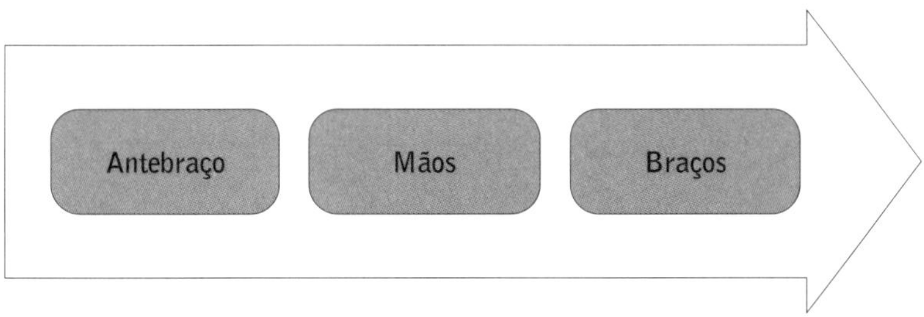

FIGURA 7.11 – Ordem de locais de punção (maiores de 2 anos, adultos e idosos, preferencialmente no membro não dominante).

Pratique a empatia: considere as escolhas do paciente para os locais de punção. Se possível, deixe puncionado o local de escolha dele.

Técnica da punção

1. Avalie as condições da rede venosa do paciente e selecione o vaso que será puncionado com auxílio do garrote. A veia ideal é visível e palpável. No entanto, a depender das características físicas do paciente e do quadro clínico, muitas vezes será utilizada somente a palpação e, em outras situações, apenas o conhecimento anatômico.
2. Identifique-se e realize a identificação do paciente/cliente (pergunte nome completo e data de nascimento).
3. Oriente o paciente/cliente sobre a melhor posição para a realização da punção e o ajude a ficar na posição adequada. Verifique a iluminação local, que deve ser a melhor possível.
4. Caso o paciente/cliente apresente muitos pelos na região escolhida, é necessário realizar a tricotomia com tricotomizador elétrico. Também é possível aparar os pelos com tesoura (que deve ser desinfectada antes do uso). Não utilize lâminas de barbear, por causa do risco de infecção.
5. Higienize as mãos.
6. Calce luvas de procedimento e coloque óculos de segurança.
7. Coloque o garrote cerca de 10 cm acima do local a ser puncionado.
8. Peça ao paciente/cliente que abra e feche as mãos por pelo menos 5 vezes rapidamente e o oriente para que fique com as mãos fechadas.
9. Sinta com as luvas a veia selecionada.
10. Faça a antissepsia com movimento circular, firme e único do centro para fora, e deixe secar completamente. Não assopre!
11. Remova o protetor do dispositivo intravenoso e estique a pele próxima da veia selecionada com a mão não dominante. **Não toque no local selecionado para a punção após a antissepsia**. Caso seja necessário palpar novamente, sinta o vaso e refaça o item 10.
12. Introduza o cateter na veia segurando com a mão dominante, com o bisel voltado para cima, em um ângulo de 10° a 45°, compatível com a profundidade da veia.
13. Observe o refluxo de sangue pelo lúmen do dispositivo.
14. Retire a agulha e, se o cateter tiver dispositivo retrátil, acione o botão. Coloque em local seguro.
15. Com uma mão, fixe com fita microporosa estéril o canhão, para auxiliar a estabilizar a agulha, e solte o garrote com a outra.

Sua fixação deve garantir que o cateter fique:

- **estabilizado:** sem possibilidade de sair do vaso;
- **com inserção visível:** para que você possa avaliar qualquer anormalidade – por exemplo, vermelhidão.

16. Coloque o conector valvulado, ou torneirinha, ou cateter de dupla via.
17. Coloque a cobertura estéril e insira a data do procedimento.

O uso de coberturas estéreis é fundamental para evitar infecção de corrente sanguínea. Relembre as possibilidades de materiais na página 48.

18. Conecte a seringa com soro fisiológico 0,9% e faça teste de refluxo. Em caso positivo, administre 5 mL de SF 0,9%, evitando que coágulos se formem na ponta do cateter.
19. Despreze os materiais perfurocortantes em recipiente adequado (rígido), e os demais, em local apropriado. **Jamais reencape a agulha**.
20. Retire as luvas.
21. Realize higienização das mãos.
22. Realize a anotação de enfermagem, conforme o modelo apresentado no quadro 7.27.

QUADRO 7.27 – Modelo de anotação de enfermagem – punção.

Data. + Hora. + Puncionado acesso venoso periférico em região anterior do antebraço D, em primeira tentativa, com cateter sobre agulha nº 22. Utilizados conector valvulado e cobertura estéril. + Carimbo profissional. + Assinatura.

A Anvisa recomenda duas tentativas de punção por profissional. Mas atenção: em cada punção, um novo dispositivo deve ser utilizado.

Formas de administração

Existem formas de administrar por via intravenosa. Podemos encontrar, seja nos guias farmacológicos, seja nas prescrições médicas, as possibilidades descritas a seguir.

- **Bolus.** Tipo de administração geralmente realizada com uso da seringa, com tempo inferior ou igual a 1 minuto.
- **Infusão rápida.** Administração IV realizada entre 1 e 30 minutos. Para esse tipo, recomendam-se dois tipos de dispositivos:
  - **seringa:** para infusões em tempo inferior a 10 minutos;
  - **bureta:** para infusões em tempo superior a 10 minutos.
- **Infusão lenta.** Administração realizada entre 30 e 60 minutos.
- **Infusão contínua.** Administração realizada em tempo superior a 60 minutos, sem pausas.
- **Administração intermitente.** Não contínua. Podemos encontrar, por exemplo, intervalos de 6/6 h, de 8/8 h, de 12/12 h.

Na terapia intravenosa, é importante a preocupação com a manutenção da permeabilidade do cateter, que permanecerá fechado nos intervalos da medicação.

Permeabilização (flushing)

Permeabilização ou flushing é um processo obrigatório antes e depois da administração de qualquer medicamento na terapia intravenosa. Ocorre quando utilizamos SF 0,9% na veia do paciente/cliente. Ao leigo e ao paciente/cliente, é comum usarmos a expressão “lavar o acesso”. O objetivo do flushing é garantir que o cateter tenha condições de uso após as pausas em sua utilização e evitar a interação medicamentosa.

O SF 0,9% é aspirado de flaconetes de 10 mL (em algumas instituições, já existem seringas prontas para essa finalidade; ver foto 7.15a). Essa obrigatoriedade vale independentemente se haverá um só medicamento no horário, dois ou mais, seja no CVP, no CVC ou no PICC. Jamais utilize água destilada para realizar a permeabilização, pois pode provocar hemólise (quebra das células do sangue).

Os processos praticados atualmente têm como base orientações da Anvisa (2017), conforme explicado a seguir.

- **Adultos.** Em CVP, administrar 5 mL de SF 0,9% a cada 2 horas. Em CVC e PICC, administrar 10 mL de SF 0,9%, também a cada 2 horas.
- **Crianças.** Administrar de 1,5 mL a 3 mL de SF 0,9%. Devem ser considerados, juntamente com protocolos da instituição e a equipe de saúde, a idade da criança, o tipo de cateter e as condições clínicas.

Verifique sempre a adequação, tanto ao protocolo da instituição em que você atua como às condições clínicas do paciente/cliente. Pode haver mudança no volume e na frequência, por exemplo, em pacientes com restrição hídrica.

Para fazer o flushing, utilize seringas de 10 mL ou de 20 mL, ou que contenham diâmetro da seringa de 10 mL (nos casos de seringas prontas). A pressão exercida é a ideal para fazer a permeabilização, preservando a integridade dos cateteres e evitando que ocorra algum dano.

A B C D E

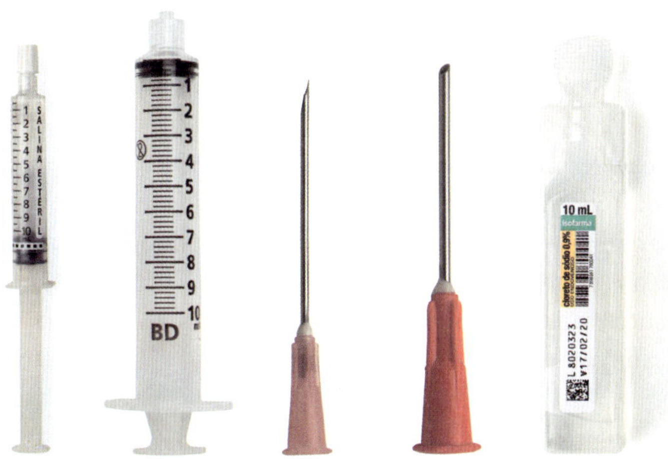

FOTOS 7.15A A 7.15E – Materiais para o flushing: seringa para permeabilização de 10 mL (foto 7.15a), seringa de 10 mL (foto 7.15b), agulha 40 × 12 (foto 7.15c) ou de ponta romba (7.15d) e flaconete de SF 0,9% (7.15e).

A permeabilização deve ser realizada em forma de **turbilhonamento**, ou seja, de forma pulsátil, e não contínua. O turbilhonamento permite remover medicamento precipitado na ponta do cateter e fibrina. Para isso, ao fazer o flushing empurre o êmbolo como se fosse em pequenos "soquinhos".

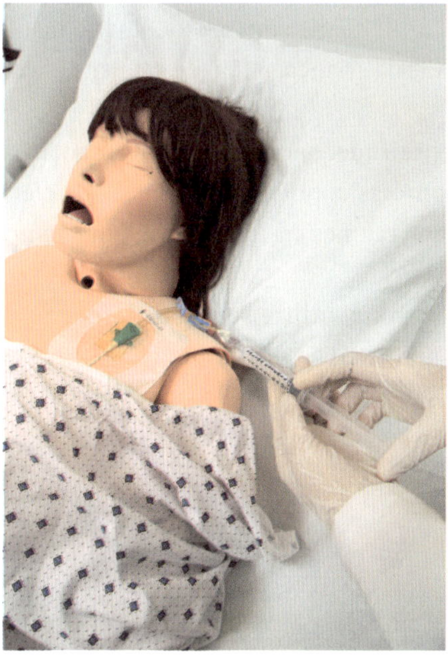

FOTO 7.16 – Realização do flushing: empurre o êmbolo como pequenos "soquinhos".

Após o término da administração de um medicamento, devemos preparar ou utilizar outra seringa, destinada ao flushing. Podemos utilizar a mesma seringa apenas se a permeabilização for imediata, como nos casos de administração em bolus.

Nunca reaproveite o conteúdo de SF 0,9% que sobrou na seringa para o próximo horário de medicação.

Tipos de equipo

Existem diversos tipos de equipos. Os mais comuns são apresentados no quadro 7.28.

QUADRO 7.28 – Indicação e tempo de uso dos equipos mais comuns.[6]

Equipo	Indicação	Tempo de uso
Equipo para soluções intermitentes (macrogotas ou microgotas). 	Administração de medicamento de forma intermitente.	24 h
Equipo para soluções contínuas (macrogotas ou microgotas). 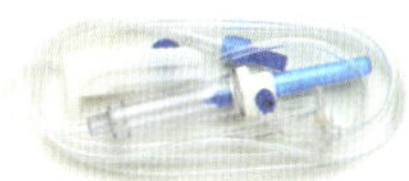	Administração de medicamento de forma contínua.	96 h
Bureta (macrogotas ou microgotas). 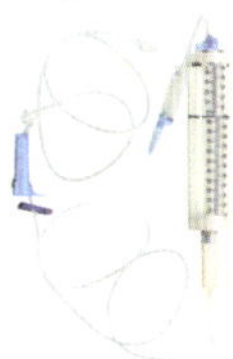	Administração de medicamento em infusão rápida ou em pediatria.	24 h
Equipo para soluções contínuas (macrogotas ou microgotas). 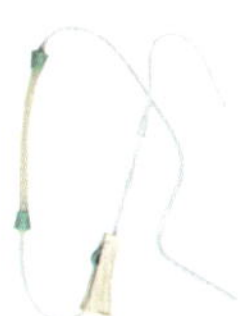	Uso exclusivo em bombas de infusão.	72 h (pode haver mudanças de acordo com o fabricante).
Equipo controlador de fluxo. 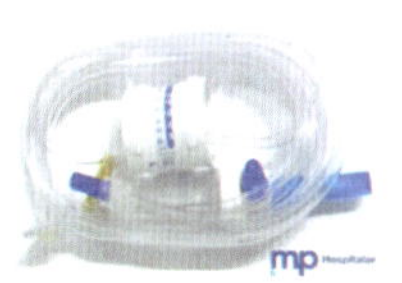	Maior precisão de dosagem. Controla com precisão a infusão de volume por hora, variando de 1 mL/h a 250 mL/h.	O mesmo dos anteriores, variando de acordo com o tipo de infusão: intermitente ou contínua.

6 O equipo é o mesmo para soluções intermitentes ou contínuas. O que varia é o tempo de uso, conforme a administração.

O tempo de uso pode sofrer variação conforme as orientações do Serviço de Controle de Infecção Hospitalar (SCIH) da instituição em que você atua. Para seguir corretamente as orientações do quadro 7.28, não se esqueça de etiquetar cada equipo com a data de validade, de acordo com o tempo de uso. Essa ação previne infecções no paciente/cliente.

Nas situações em que o equipo está desconectado do paciente, coloque uma capa protetora estéril (oclusor de múltipla aplicação), de uso único. Não é recomendado utilizar agulhas para proteção.

FOTO 7.17 – Capa protetora estéril (oclusor de múltipla aplicação). É de uso único.

Manutenção dos dispositivos

Cada dispositivo e cada tipo de infusão exige cuidados de enfermagem para evitar infecção de corrente sanguínea e perda do cateter.

CATETER VENOSO PERIFÉRICO

- O CVP deve ser mantido, em pessoas internadas, fixado com uma película transparente, para detectar a presença de sinais flogísticos (calor, rubor ou vermelhidão, edema, dor e exsudato purulento).
- O enfermeiro deve ser comunicado sobre a presença de qualquer sinal flogístico.
- A inspeção da inserção do CVP deve ocorrer periodicamente, conforme orientações da Anvisa ou protocolo institucional:
  - **pacientes adultos em unidades de internação:** avaliar 1 vez por turno (turno de 6 h);
  - **pacientes pediátricos:** avaliar no mínimo 2 vezes por turno;
  - **pacientes de qualquer idade em terapia intensiva, sedados ou com déficit cognitivo:** avaliar a cada 1 a 2 horas.

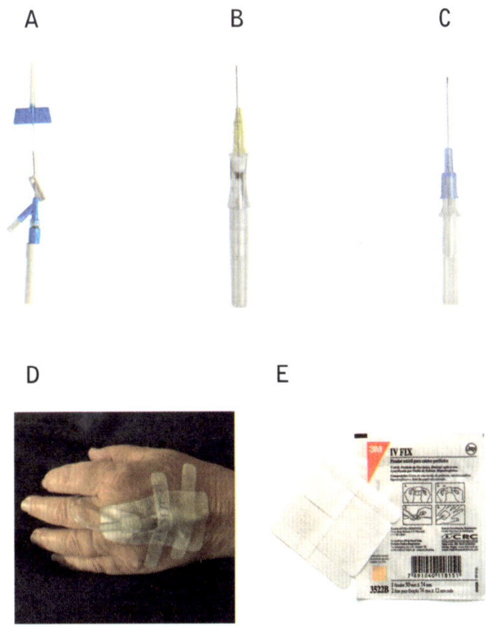

FOTOS 7.18A A 7.18E – Da esquerda para a direita, cateteres venosos periféricos de fabricantes e tamanhos variados (Saf-T-Intima™ na foto 7.18a; Insyte™ 24 na foto 7.18b; Jelco 22 na foto 7.18c), aplicação no paciente/cliente (foto 7.18d) e exemplo de cobertura estéril utilizada para proteger o cateter (foto 7.18e).

- A troca do local de punção deve ocorrer a cada 96 horas em pacientes/clientes adultos. Em neonatais e pediátricos, a troca não deve ser rotineira. Serão avaliados caso a caso o custo-benefício e a presença de sinais flogísticos.
- O CVP precisa ser protegido com plástico antes do banho do paciente/cliente.
- A película precisa ser trocada quando apresenta sinais de que está se desprendendo.
- Em caso de uso de conector valvulado, é necessário realizar desinfecção com swab alcoólico ou algodão com álcool 70% na extremidade, em movimento circular, 5 vezes, sempre antes da administração de qualquer tipo de solução.
- Deve ser feito flushing antes e depois da administração de medicamento e a cada 2 horas, em turbilhonamento, com seringas de 10 mL com SF 0,9%, sempre sendo verificado se há restrição hídrica.

- A data da troca dos conectores precisa estar visível.
- O período para a troca dos conectores é de 96 horas ou de acordo com o SCIH.

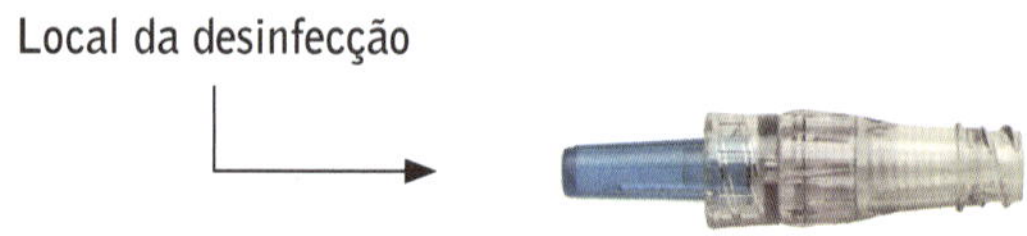

FOTO 7.19 – Desinfecção de conector valvulado.

CATETER VENOSO CENTRAL

Existem alguns tipos de cateteres venosos centrais, como citados a seguir.

- **Cateteres de curta permanência.** Colocados por meio de punção percutânea: single/duplo/triplo lúmen ou shilley (indicado para hemodiálise).
- **Cateteres de longa permanência.** Semi-implantados, como Hickman/Broviac ou Permicath.
- **Cateteres totalmente implantados.** Como o port-a-cath, utilizado em pacientes/clientes oncológicos.

Neste livro, vamos nos concentrar nos cuidados de enfermagem para a manutenção dos cateteres de curta permanência, como o CVC de duplo lúmen.

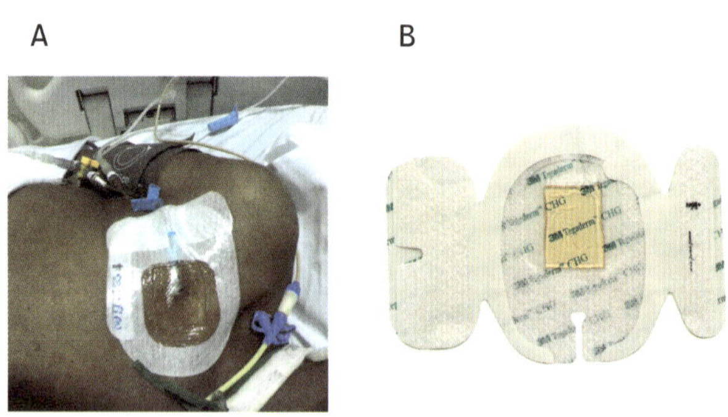

FOTOS 7.20A E 7.20B – Cateter venoso central (foto 7.20a) e exemplo de cobertura utilizada para protegê-lo (foto 7.20b).

- O CVC deve ser mantido fixado com uma película transparente para observar a presença de sinais flogísticos a cada plantão. Em algumas instituições, a película de escolha libera progressivamente clorexidina para evitar infecção de corrente sanguínea.
- A presença de sinais flogísticos na inserção deve ser verificada 1 vez por plantão.
- O enfermeiro deve ser comunicado sobre a presença de qualquer sinal flogístico.
- Em pacientes/clientes de qualquer idade em terapia intensiva, sedados ou com déficit cognitivo, avaliação deve ser feita a cada 1 a 2 horas.
- É necessário tomar cuidado para não tracionar (puxar acidentalmente a ponto de deslocar ou retirar o cateter). Caso isso aconteça, pare a infusão imediatamente e comunique o enfermeiro. Jamais reintroduza o cateter.
- Deve ser mantido fechado o clamp de todas as vias quando o cateter não estiver em uso.
- O CVC precisa ser protegido com plástico antes do banho do paciente/cliente.
- A película precisa ser trocada quando apresenta sinais de que está se desprendendo.
- É necessário realizar a desinfecção do conector valvulado com swab alcoólico ou algodão com álcool 70% na extremidade, em movimento circular, 5 vezes, sempre antes da administração de qualquer tipo de solução.
- Deve ser feito flushing antes e depois da administração de medicamento e a cada 2 horas, em turbilhonamento, com seringas de 10 mL ou 20 mL com SF 0,9%, sempre sendo verificado se há restrição hídrica.
- A data da troca dos conectores precisa estar visível.
- O período para a troca dos conectores é de 96 horas, ou de acordo com o SCIH.

CATETER CENTRAL DE INSERÇÃO PERIFÉRICA

A B

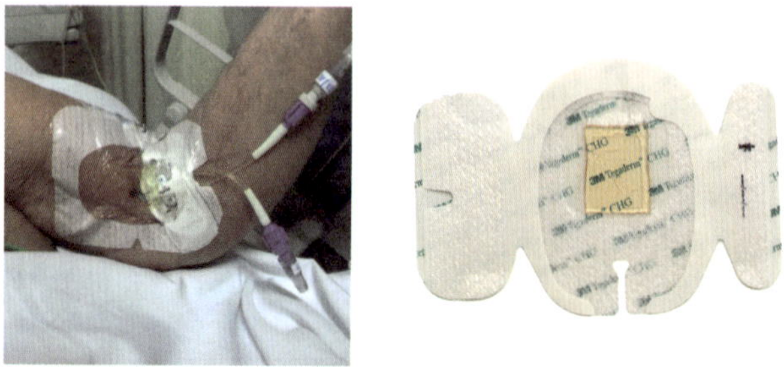

FOTOS 7.21A E 7.21B – Cateter central de inserção periférica (foto 7.21a) e exemplo de cobertura utilizada para protegê-lo (foto 7.21b), que é a mesma usada com CVC.

- O PICC deve ser mantido fixado com uma película transparente para observar a presença de sinais flogísticos a cada plantão. Em algumas instituições, a película de escolha libera progressivamente clorexidina para evitar infecção de corrente sanguínea.
- A presença de sinais flogísticos na inserção deve ser verificada 1 vez por plantão.
- O enfermeiro deve ser comunicado sobre a presença de qualquer sinal flogístico.
- Em pacientes/clientes de qualquer idade em terapia intensiva, sedados ou com déficit cognitivo, a avaliação deve ser feita a cada 1 a 2 horas.
- É necessário tomar cuidado para não tracionar (puxar acidentalmente a ponto de deslocar ou retirar o cateter). Caso isso aconteça, pare a infusão imediatamente e comunique o enfermeiro. Jamais reintroduza o cateter.
- Não se deve puncionar o membro em que o PICC está locado.
- Não se deve aferir pressão arterial ou garrotear o membro.
- Deve ser mantido fechado o clamp de todas as vias quando o cateter não estiver em uso.
- O PICC precisa ser protegido com plástico antes do banho do paciente/cliente.
- A película precisa ser trocada quando apresenta sinais de que está

se desprendendo.

- É necessário realizar a desinfecção do conector valvulado com swab alcoólico ou algodão com álcool 70% na extremidade, em movimento circular, 5 vezes, sempre antes da administração de qualquer tipo de solução.
- Deve ser feito flushing antes e depois da administração de medicamento, em turbilhonamento.
- No flushing, devem ser usadas apenas seringas de 10 mL ou 20 mL.
- Se não utilizado o PICC, a permeabilização deve ser realizada com SF 0,9% a cada 4 horas.
- A data da troca dos conectores precisa estar visível.
- O período para a troca dos conectores é de 96 horas ou de acordo com o SCIH.

Preparo e administração de medicamento para técnica IV

A TIV é uma técnica pela qual quase 100% dos pacientes/clientes já passaram nos ambientes de saúde ou irão passar. Para isso, recomendamos a leitura das *Medidas de prevenção de infecção da corrente sanguínea*, orientadas pela Anvisa (2017).

#LEIATUDO

Medidas de Prevenção de Infecção Relacionada à Assistência à Saúde (Anvisa). Disponível em: https://shorturl.at/oQSBJ

Existem algumas formas de apresentação dos medicamentos para a TIV. Nas próximas páginas, vamos abordar o preparo e a administração dessas apresentações.

Em todas elas, precisam ser tomados os cuidados descritos a seguir.

1. Higienize as mãos.

> O uso de luvas não substitui a necessidade de higienização das mãos!

2. Realize a desinfecção da superfície em que trabalhará (balcão, bandeja, carro de medicamento).
3. Higienize as mãos novamente.
4. Separe os materiais que utilizará conforme a prescrição médica.

Leia o nome do medicamento 3 vezes: quando pegar, quando preparar e quando guardar/descartar o medicamento, confrontando a apresentação do medicamento com a posologia e a via prescrita.

5. Realize os cálculos de medicamento (ver capítulo 8).
6. Coloque os óculos de segurança.
7. Realize a desinfecção do frasco em que está o medicamento: ampola, frasco-ampola, flaconete, bag de solução.
8. Aspire a quantidade prescrita.
9. Acrescente o diluente prescrito.
10. Realize os certos da administração de medicamento.
11. Identifique-se e realize a identificação do paciente/cliente (pergunte nome completo e data de nascimento).
12. Pergunte ao paciente/cliente se possui alergia a medicamentos.
13. Esclareça o tipo de medicamento, por que está sendo administrado, possíveis efeitos colaterais e o tempo de infusão.
14. Calce as luvas de procedimento e continue com os óculos de proteção.
15. Realize a desinfecção do conector.
16. Realize o flushing (antes).
17. Administre conforme a prescrição médica.
18. Realize o flushing (depois).
19. Realize a anotação de enfermagem.

EXEMPLO DE PREPARO E ADMINISTRAÇÃO 1

Prescrição: "Buscopan Composto, 2 mL em 18 mL de SF 0,9%, em bolus, via IV, 8/8 h". A apresentação é Buscopan Composto em ampola com 5 mL.

Conforme a prescrição, precisamos administrar 2 mL de Buscopan Composto e acrescentar 18 mL de SF 0,9%. Para isso, devemos separar os seguintes materiais:

- óculos de segurança;
- 1 ampola do medicamento;
- 2 flaconetes de SF 0,9% de 10 mL cada;
- 1 seringa de 20 mL;
- 1 agulha ponta romba ou 40 × 12;
- 2 swabs alcoólicos ou algodão e álcool 70%;
- 1 par de luvas de procedimento.

1. Realize os cuidados de 1 a 6 apresentados nas páginas 181-182.
2. Para a execução do passo 7, realize a desinfecção da ampola e do flaconete conforme mostrado nas fotos 7.22a e 7.22b.

A B

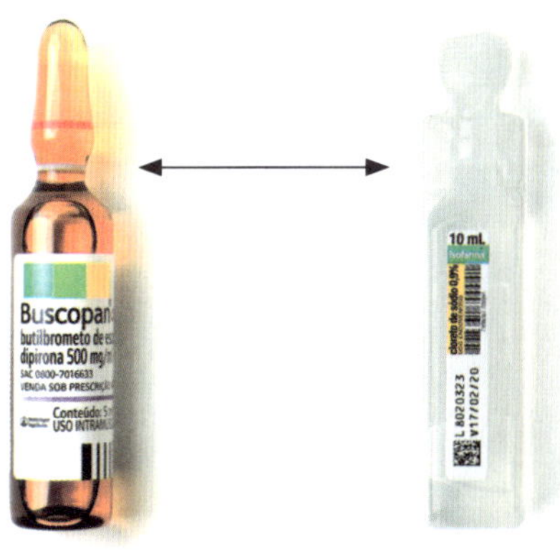

FOTOS 7.22A E 7.22B – Local de desinfecção da ampola (foto 7.22a, à esquerda) e do flaconete (foto 7.22b, à direita).

3. Abra a ampola com cuidado. Para isso, segure-a com a mão não dominante e pressione a parte de cima com o polegar para trás. Muitas ampolas vêm com uma "bolinha" indicando a direção para a qual você deve fazer a pressão.

FOTO 7.23 – Parte superior da ampola, com linha indicando o ponto em que deve ser aberta.

4. No caso do flaconete, você pode utilizar o swab alcoólico para girar a parte superior da embalagem enquanto o segura na parte inferior.
5. Realize a abertura da agulha e da seringa na técnica estéril e conecte uma na outra.
6. Aspire a dose prescrita (2 mL) e preencha o restante da seringa com SF 0,9% (18 mL).
7. Realize os cuidados 10 a 19 apresentados na página 182.
8. Realize a checagem e a anotação de enfermagem, conforme o modelo apresentado no quadro 7.29.

QUADRO 7.29 – Modelo de anotação de enfermagem – via intravenosa. Exemplo 1.

Data. + Hora. + Administrado Buscopan Composto, conforme item "x" da prescrição médica, por via IV. Realizado flushing com 10 mL de SF 0,9% antes e depois. + Carimbo profissional. + Assinatura.

EXEMPLO DE PREPARO E ADMINISTRAÇÃO 2

Prescrição: "Vancomicina, 1 g, via IV, 12/12 h + 180 mL de SF 0,9%". Apresentação é frasco-ampola de vancomicina com 500 mg.

O uso de FA necessita que você consulte o manual farmacológico de sua instituição, pois nele você encontrará o diluente necessário para reconstituir seu medicamento. Reconstituir, como vimos, é tornar líquido o medicamento que está em forma de pó. O quadro 7.30 mostra como é importante essa consulta, com o exemplo da vancomicina.

QUADRO 7.30 – Reconstituição de medicamentos.

1	**Medicamento**	Cloridrato de vancomicina FA 500 mg.
2	**Reconstituição**	10 mL AD.
3	**Estabilidade**	24 h TA. 48 h R.
4	**Diluição**	SF 0,9%, SG 5% ou solução de ringer lactato.
5	**Estabilidade**	24 h TA. 48 h R.
6	**Tempo de infusão**	2 h.
7	**Observações**	Verificar vancocinemia antes da administração e função renal.

LEGENDA: AD = ÁGUA DESTILADA; TA = TEMPERATURA AMBIENTE; R = REFRIGERADO (OU SEJA, ESTES MEDICAMENTOS DEVEM SER MANTIDOS EM GELADEIRA NA TEMPERATURA DE 2 °C A 8 °C).

Vamos entender o quadro.

- **Item 1 – medicamento.** Você encontrará o nome do fármaco, assim como a apresentação. FA significa “frasco-ampola”.
- **Item 2 – reconstituição.** É a etapa em que transformamos em líquido o pó do medicamento. Existem diluentes próprios. Não decore! Consulte! Neste caso, é AD.
- **Item 3 – estabilidade.** É a garantia de tempo que temos ao realizar a etapa anterior. Ou seja, após a reconstituição, temos 24 horas em temperatura ambiente (TA) ou 48 horas mantendo refrigerado (R) para continuar o processo com a garantia de que o fármaco está viável e seguro para ser administrado.
- **Item 4 – diluição.** Refere-se a quando colocamos o que aspiramos (da ampola, do frasco-ampola ou do flaconete de medicamento) dentro de uma bag de outra solução.
- **Item 5 – estabilidade.** Tal qual o item 3, refere-se ao tempo que temos para administrar o medicamento a partir da etapa anterior. No exemplo do quadro 7.30, são 24 horas com o medicamento mantido em temperatura ambiente e 48 horas mantido em refrigeração.

- **Item 6 – tempo de infusão.** Este é o tempo seguro para administrar o medicamento sem provocar lesão no paciente – por exemplo, lesão renal. Usando o cálculo de medicamento, este é o valor de T.
- **Item 7 – observações.** Existem medicamentos que são nefrotóxicos. Diante disso, precisamos ter certeza de que a função renal está adequada para receber mais uma dose desse medicamento. Podemos encontrar exames específicos aos antibióticos, como a vancocinemia citada no exemplo do quadro, e solicitarmos ao enfermeiro que consulte os resultados desse exame e da função renal. Tais resultados podem impedir que seja administrada mais uma dose do medicamento.

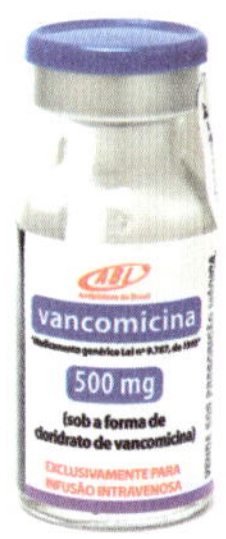

FOTO 7.24 – Vancomicina, antibiótico que exige consulta ao exame de vancocinemia e função renal para ser administrado.

Separe os seguintes materiais:

- óculos de segurança;
- máscara simples/cirúrgica;
- 2 frascos-ampola do medicamento;
- 2 flaconetes de AD de 10 mL cada;
- 1 flaconete de SF 0,9% de 10 mL cada;
- 1 bag de SF 0,9% de 250 mL;
- 1 equipo macrogotas;
- 1 seringa de 20 mL;
- 1 seringa de 10 mL;
- 2 agulhas ponta romba ou 40 × 12;
- 6 swabs alcoólicos ou algodão e álcool 70%;
- 1 par de luvas de procedimento;

- 2 etiquetas do paciente;
- 1 identificação de soluções ou soro;
- 1 etiqueta para datar o equipo (pode ser substituída por fita crepe com a data).

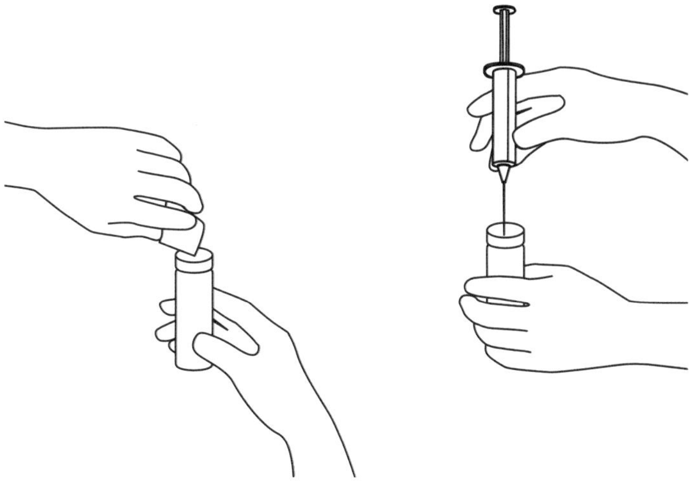

FIGURA 7.12 – Preenchimento de seringa a partir de frasco-ampola.
Fonte: adaptado de Preenchimento da seringa (2015).

1. Inicie verificando com o enfermeiro se está autorizada a administração do medicamento, após a consulta de vancocinemia e função renal. Somente prossiga para as próximas etapas se a administração for autorizada.
2. Cada FA de vancomicina tem 500 mg. Portanto, precisaremos de 2 FA. Segundo a tabela de reconstituição, precisaremos utilizar 10 mL de AD em cada FA.
3. Realize os itens de 1 a 7 das páginas 183 e 184, fazendo a desinfecção dos frascos-ampolas e dos flaconetes de AD e de SF 0,9%.
4. Inicie com a reconstituição, colocando 10 mL de AD em cada um dos frascos e homogeneíze a solução com movimentos circulares e contínuos. **Atenção:** não chacoalhe. Caso contrário, muitas bolhas se formarão.
5. Foram prescritos 180 mL de SF 0,9%. No entanto, a bag possui 250 mL. Logo, devemos aspirar e descartar 70 mL da bag.

6. Depois de ter acertado o volume de SF 0,9%, aspire a quantidade de vancomicina de cada frasco-ampola (cada frasco foi reconstituído com 10 mL de AD; logo, os dois frascos somam 20 mL do medicamento) e coloque na bag de SF, totalizando 200 mL.

> Antes de aspirar a vancomicina do FA, aspire 10 mL de ar e introduza no frasco. Dessa forma, a própria pressão interna no FA preencherá a seringa e você não correrá risco de espirrar medicamento no meio ambiente e em seu rosto.

7. Conecte o equipo de macrogotas e faça o preenchimento do equipo.
8. Identifique o soro com o rótulo e a etiqueta do paciente/cliente e coloque data no equipo. O antibiótico está pronto.
9. Prossiga realizando as ações de 10 a 19 da página 182.

QUADRO 7.31 – Modelo de anotação de enfermagem – via intravenosa. Exemplo 2.

Data. + Hora. + Verificados com enfermeira "X" resultados de vancocinemia e função renal. Após autorização, realizada permeabilização com 10 mL de SF 0,9% e administrada vancomicina, conforme item "x" da prescrição médica, via IV, com tempo de infusão de 2 h, a 33 gts/min. + Carimbo profissional. + Assinatura.

Cálculo de medicamento

8

Cálculos básicos

No dia a dia, ao ler uma prescrição médica, muitas vezes deparamos com situações em que devemos utilizar apenas uma parte de um medicamento, e não ele inteiro. Ou seja, devemos utilizar apenas uma fração. Este capítulo é dedicado a exercitar cálculos necessários para chegarmos à dose correta de um medicamento.

Na matemática, as frações podem ser ordinárias ou decimais.

Fração ordinária

É uma parte de um número inteiro.

Por exemplo:

$\frac{3}{9}$ → Numerador (Dividendo.) / Denominador (Divisor.)

Também podemos representar essa fração nas formas 3/9 ou $^3/_9$. O que é preciso ter em mente, sempre, é que o traço significa divisão.

Frações podem ser compostas, mistas ou equivalentes.

FRAÇÕES COMPOSTAS

São aquelas que exigem operações aritméticas no numerador ou no denominador.

Por exemplo:

$$\frac{2+7}{8} \quad \text{ou} \quad \frac{6}{3 \times 4}$$

FRAÇÕES MISTAS

São aquelas formadas por um número inteiro e uma fração.

$$5 \frac{3 \times}{4}$$

FRAÇÕES EQUIVALENTES

Também fazem parte de frações ordinárias e possuem o mesmo valor.

Por exemplo:

$$\frac{3}{9} = \frac{1}{3}$$

Fração decimal

A fração decimal diz respeito a toda fração cujo denominador seja 10 ou potência 10, 100 ou 1.000.

Quando o denominador é 10, 100 ou 1.000, lê-se o numerador e acrescenta-se a palavra "décimo", "centésimo" ou "milésimo", respectivamente.

Os números à esquerda da vírgula representam a parte inteira, enquanto os números à direita da vírgula representam a parte fracionária.

Por exemplo:

(Parte inteira.) ← 4,7 → (Parte fracionária.)

Lemos "4 inteiros e 7 décimos" ou $4 \frac{7}{10}$.

Outros exemplos:

$$\frac{5}{10}$$

(Lemos "5 décimos".)

$$\frac{32}{100}$$

(Lemos "32 centésimos".)

$$\frac{7}{1.000}$$

(Lemos "7 milésimos".)

Então, as frações podem ser representadas por números decimais, como mostrado abaixo.

- 0,5 (ou "5 décimos").
- 0,32 (ou "32 centésimos").
- 0,007 (ou "7 milésimos").

A transformação se faz quando se divide o numerador pelo denominador. A vírgula separa a parte inteira da parte decimal, como mostram os exemplos a seguir.

- 8,5 = "8 inteiros e 5 décimos".
- 9,81 = "9 inteiros e 81 centésimos".
- 7,007 = "7 inteiros e 7 milésimos".

Transformação de número decimal em fração decimal

$$0{,}8 = \frac{8}{10}$$

(Uma casa decimal após a vírgula; então, um zero no denominador da fração.)

$$0{,}53 = \frac{53}{100}$$

(Duas casas decimais após a vírgula; então, dois zeros no denominador da fração.)

$$0{,}539 = \frac{539}{1.000}$$

(Três casas decimais após a vírgula; então, três zeros no denominador da fração.)

Operações matemáticas com números decimais

ADIÇÃO

Quando somamos números decimais, as vírgulas são colocadas uma embaixo da outra.

Por exemplo:

6,253 + 4,74 + 2,2

$$\begin{array}{r} 6{,}253 \\ 4{,}74 + \\ 2{,}2 \\ \hline 13{,}193 \end{array}$$

SUBTRAÇÃO

Quando subtraímos números decimais, também colocamos vírgula embaixo de vírgula.

Por exemplo:

6,73 – 5,4

$$\begin{array}{r} 6{,}73 \\ 5{,}4 - \\ \hline 1{,}33 \end{array}$$

MULTIPLICAÇÃO

Aqui não necessariamente as vírgulas precisam ficar embaixo da outra, mas é necessário efetuarmos a multiplicação dos números. Após o resultado, para colocar a vírgula no local correto, devemos somar as casas decimais à direita do multiplicador e do multiplicando e contar da direita para a esquerda esse total de casas para, então, inserir a vírgula.

Por exemplo:

2,724 (Multiplicando.)

× 3,23 (Multiplicador.)

8,79852

A seguir, exemplos de multiplicação de decimais por 10, 100 e 1.000.

- 5,577 × 10 = 55,77.
- 5,577 × 100 = 557,7.
- 5,577 × 1.000 = 5.577.

DIVISÃO

Aqui, vale a pena relembrar os elementos de uma operação de divisão.

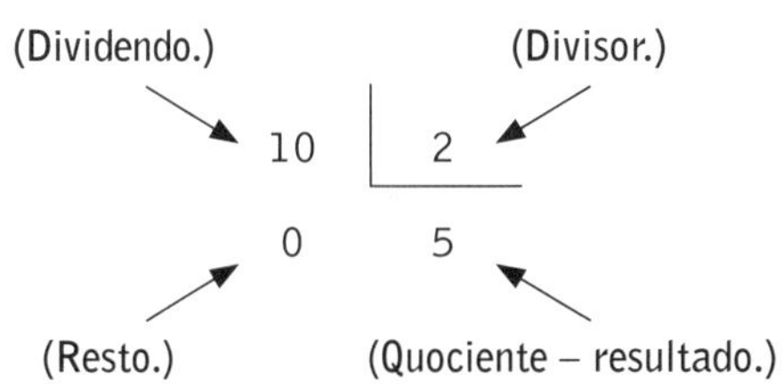

Para dividir um número decimal por 10, 100 e 1.000, desloca-se a vírgula para a esquerda, respectivamente, uma, duas e três casas decimais, como mostram os exemplos abaixo.

- 65,32 ÷ 10 = 6,532.
- 7,65 ÷ 100 = 0,0765.
- 3,3 ÷ 1.000 = 0,0033.

Para fazer a divisão, precisamos seguir algumas regras, como explicado a seguir.

1. Tanto o dividendo como o divisor devem ser transformados em números inteiros; para isso, é necessário que os dois tenham o mesmo número de casas após a vírgula. Ou seja, precisamos **igualar as casas**. Podemos fazer isso adicionando quantos zeros forem necessários ao elemento (dividendo ou divisor) que tiver menos casas, até igualá-los.
2. Em seguida, cortamos as vírgulas, e o restante da divisão se processa de forma habitual.
3. Para continuarmos a divisão, caso tenha sobrado resto ou se o dividendo for menor que o divisor, não esqueça que devemos acrescentar uma vírgula no quociente e um zero à direita do dividendo ou do resto.

Por exemplo:

$4 \div 6 = ?$

↓

4 | 6

↓

(Dividendo.) (Divisor.)

40 | 6

40 0,66

(Resto.) (Quociente – resultado.)

Logo:

$4 \div 6 = 0,66$

Outro exemplo:

$4,16 \div 0,18$

Perceba que o número de casas decimais, após a vírgula, é o mesmo. Desta forma, o cálculo fica:

```
416 | 18
    └─────
 56   23,11...
  2
```

Logo:

4,16 ÷ 0,18 = 23,1

Percebeu que o resultado foi arredondado? Precisamos falar da regra do **arredondamento**.

Quando temos de reduzir o número de casa decimais, precisamos seguir a NBR 5891 (ABNT 2014).

O que diz essa norma?

Quando o resultado de seu cálculo for decimal (ou seja, tiver vírgulas) e o segundo número após a vírgula for 1, 2, 3 ou 4, você deverá manter o primeiro número.

No exemplo, o quociente foi 23,11. O segundo número é o 1. Logo, mantive o primeiro número, ou seja, 23,1. Esse foi o resultado.

Resumindo: menor que 4 → mantenha.

Quando o resultado de seu cálculo for decimal (ou seja, tiver vírgulas) e o segundo número após a vírgula for 5, 6, 7, 8 ou 9, você deverá somar 1 a esse número.

Por exemplo:

23,18. O segundo número é o 8. Logo, devemos somar 1 ao primeiro número, ou seja, 23,2.

Resumindo: igual ou superior a 5 → some 1.

Observe:

- 0,34 → 0,3.
- 0,36 → 0,4.
- 0,82 → 0,8.
- 0,12 → 0,1.
- 0,77 → 0,8.
- 0,55 → 0,6.
- 0,75 → 0,8.

Transformação de porcentagem em número decimal

Nos cálculos de administração de medicamentos, algumas apresentações desses medicamentos ocorrem em porcentagem. Por esse motivo, precisamos nos familiarizar com as relações entre porcentagem e números decimais.

Quando queremos visualizar a porcentagem em números decimais, devemos dividir o número expresso em porcentagem por 100 ou deslocar a vírgula duas casas para a esquerda, retirando o sinal de porcentagem.

Por exemplo: transformar 70% em número decimal.

$$70 \; \underline{|100} \quad \rightarrow \quad 0{,}7$$

Ou:

70% = 0,70 (Duas casas para a esquerda.)

Transformação de número decimal em porcentagem

Agora faremos o raciocínio inverso: transformar um número decimal em porcentagem.

Quando queremos visualizar qual a porcentagem referente a um número decimal, devemos multiplicar o número decimal por 100 ou deslocar a vírgula duas casas para a direita, colocando o sinal de porcentagem.

Por exemplo: transformar 0,7 em porcentagem.

0,7 × 100 = 70

Ou:

0,7 = 70,0% (Duas casas para a direita.)

Transformação de porcentagem em fração decimal

Basta eliminar o sinal de porcentagem e escrever uma fração que terá como denominador 100 e, como numerador, o número dado.

Por exemplo:

$$95\% = \frac{95}{100}$$

Transformação de fração ordinária em porcentagem

Basta multiplicar a fração ordinária por 100, acrescentando o sinal de porcentagem.

Por exemplo:

$$\frac{2}{5}$$

$$\frac{2}{5} \times 100 \rightarrow \frac{2}{5} \times \frac{100}{1} = \frac{200}{5} = 40\%$$

> Não use calculadora. Quanto mais você exercitar sem esse auxílio, mais fáceis ficarão os cálculos.

Exercícios

(Resolução no Anexo 1; ver p. 225.)

1. Some os números decimais.

a) 7,541 + 6,31 + 8,7
b) 3,2 + 2,76 + 1,245
c) 2,123 + 7,3 + 0,23
d) 5,63 + 7,3 + 0,033
e) 6.033 + 7,77 + 0,7

2. Subtraia os números decimais.

a) $5{,}623 - 4{,}75$
b) $10 - 5{,}967$
c) $4{,}646 - 3{,}13$
d) $6{,}232 - 3{,}42$
e) $10{,}54 - 8{,}8$

3. Multiplique os números decimais.

a) $4{,}747 \times 0{,}63$
b) $65{,}31 \times 3{,}7$
c) $200 \times 0{,}36$
d) $1{,}2 \times 0{,}65$
e) $5{,}7 \times 0{,}073$
f) $0{,}005 \times 10$
g) $6{,}48 \times 100$
h) $5{,}89 \times 1.000$
i) $0{,}004 \times 100$
j) $0{,}007 \times 1.000$

4. Realize as divisões a seguir.

a) $772 \div 100$
b) $\frac{3}{10}$
c) $4 \div 10$
d) $3{,}7 \div 2{,}37$
e) $2{,}012 \div 0{,}15$
f) $\frac{75}{1.000}$
g) $\frac{35}{100}$
h) $0{,}63 \div 0{,}42$
i) $53{,}05 \div 2{,}7$
j) $4{,}84 \div 2{,}22$
k) $661{,}6 \div 100$
l) $78 \div 0{,}0001$

5. Transforme as frações a seguir em porcentagem.

a) $\frac{2}{5}$

b) $\frac{3}{7}$

c) $\frac{5}{10}$

6. Transforme os números decimais abaixo em porcentagem.

a) 0,17
b) 1,75
c) 6,57
d) 8,2
e) 0,63
f) 3,2

Cálculo de regra de três

Regra de três simples

A regra de três simples serve para resolver problemas que relacionam dois valores de uma grandeza. O valor desconhecido será tratado por "x".

Essa é uma das formas de cálculo mais usadas na enfermagem para calcular medicação.

Tomando como exemplo esta prescrição médica: gentamicina 20 mg IM. O hospital tem ampolas de 80 mg de 2 mL. Quantos mL você deve administrar?

Usando a regra de três simples, temos o processo apresentado a seguir.

O que temos:	80 mg → 2 mL (Lemos que 80 mg está para 2 mL.)
O que queremos:	20 mg → x (Enquanto 20 mg está para "x", que é o valor buscado.)

Agora, usando a propriedade fundamental, resolvemos da seguinte forma essa questão, começando sempre pela incógnita ("x"). Considere que o ponto (".") equivale a um sinal de multiplicação.

80 ⤫ 2
20 ⤫ x

$80 \cdot x = 20 \cdot 2$

$x = \frac{40}{80}$

$x = 0{,}5$

A quantidade de gentamicina a ser administrada é de 0,5 mL.

Exercícios

(Resolução no Anexo 1; ver p. 227.)

Importante: quando temos uma relação entre soluto e solvente, após o símbolo de divisão, caso não haja número escrito, está implícito o valor 1.

Observe: 10 mg / mL

⇓

Leia: 10 mg por mL

Há 10 mg em 1 mL.

1. Prescrição médica: administrar 60 mg de gentamicina IM. Temos frasco de 80 mg de 2 mL. Quantos mL devemos aspirar na seringa?
2. Prescrição médica: administrar 8 mg de dexametasona IM. Temos ampolas de dexametasona com 4 mg/mL, em um volume de 2,5 mL.
3. Prescrição médica: administrar 100 mg de fenitoína IM. Temos disponíveis ampolas de 5 mL de fenitoína a 50 mg/mL. Quantos mL devemos administrar?
4. Prescrição médica: administrar 50 mg de hidrocortisona EV. Temos disponível 1 frasco-ampola com 100 mg, em conjunto com 1 ampola diluente com 2 mL. Quanto devemos aspirar na seringa para obter o que pede a prescrição médica?
5. Prescrição médica: administrar 40 mg de ampicilina VO. Temos disponível vidro com 60 mL de suspensão oral, com 50 mg/mL. Quantos mL devemos administrar?

6. Prescrição médica: administrar 15 mg de furosemida EV. Temos ampolas de 20 mg/2mL. Quantos mL devemos administrar?
7. Prescrição médica: administrar 1,5 g de dipirona VO. Temos comprimidos de 500 mg. Quantos comprimidos devemos administrar?
8. Prescrição médica: administrar 400 mg de ampicilina VO. Temos disponível vidro com suspensão oral, em que cada 5 mL correspondem a 0,25 g. Quantos mL devemos administrar?

Cálculo de porcentagem simples

Na porcentagem, o todo é expresso como 100%.

No contexto dos cálculos de medicamentos, a porcentagem é muito utilizada indicando a quantidade de soluto por quantidade de volume, que será sempre 100 mL, nos cálculos. Por exemplo, quando temos uma ampola de soro glicosado 5% (SG 5%), o significado é:

SG 5%

↙ Temos 5g de glicose

↘ % em 100 mL de água para injeção

Outros exemplos:

- soro fisiológico 0,9% = 0,9 g em 100 mL;
- glicose 10% = 10 g em 100 mL;
- NaCl 20% = 20 g em 100 mL.

Essas proporções são "chaves" na resolução dos cálculos que envolvem porcentagem.

A seguir, veja um exemplo de cálculo de medicamento que utiliza a porcentagem simples.

Prescrição médica: administrar 2 g de KCl. Temos ampolas de 10 mL de KCl 19,1%.

Vamos às etapas.

Etapa 1
O que temos: 1 ampola de 10 mL de KCl 19,1%.

Etapa 2

Lembrar a proporção: 19,1 g em 100 mL.
Mas a ampola tem 10 mL. Logo, precisamos descobrir quantos gramas temos nessa ampola.

$$\begin{array}{lcl} 19{,}1\ g & \longrightarrow & 100\ mL \\ x\ g & \longrightarrow & 10\ mL \end{array}$$

$$\begin{array}{lcl} 19{,}1 & \longrightarrow & 100 \\ x & \longrightarrow & 10 \end{array}$$

$$\begin{array}{lcl} 19{,}1 & \times & 100 \\ x & & 10 \end{array}$$

$$x \cdot 100 = 19{,}1 \cdot 10$$

$$x = \frac{191}{100}$$

$$x = 1{,}91$$

Na ampola de 10 mL de KCl 19,1%, temos 1,91 g.

Etapa 3

Sabendo agora quantos gramas temos na ampola, faremos o cálculo de acordo com a prescrição médica, para saber quantos mL devemos aspirar.

$$\begin{array}{lcl} 1{,}91\ g & \longrightarrow & 10\ mL \\ 2\ g & \longrightarrow & x\ mL \end{array}$$

$$\begin{array}{lcl} 1{,}91 & \longrightarrow & 10 \\ 2 & \longrightarrow & x \end{array}$$

$$\begin{array}{lcl} 1{,}91 & \times & 10 \\ 2 & & x \end{array}$$

$$1{,}91 \cdot x = 2 \cdot 10$$

$$x = \frac{20}{1{,}91}$$

$$x = 10{,}47$$

Aplicando a regra de arredondamento: 10,47, arredondando, serão 10,5.

Resposta: devemos aspirar 10,5 mL de KCl 19,1%, ou seja, precisaremos de mais de 1 ampola para termos a dose correta.

Exercícios

(Resolução no Anexo 1; ver p. 231.)

1. Prescrição médica: administrar 5,4 g de NaCl 20%. Temos ampolas de 10 mL de NaCl 20%.
2. Na prescrição médica, há um item de 500 mL de SF 0,9%. Quantos gramas de NaCl foram prescritos?
3. Na prescrição médica há um item de 1.000 mL de SG 5%. Quantos gramas de glicose foram prescritos?
4. Prescrição médica: administrar 6,1 g de NaCl 20%. Quantos mL serão administrados?
5. Prescrição médica: administrar 0,006 g de dexametasona 0,4%. Quantos mL serão administrados?

Cálculos para insulina e heparina

Insulinas

A apresentação das insulinas é na concentração de 100 UI/mL em frasco-ampola, já prontas, sem necessidade de reconstituição.

Como visto anteriormente, temos diversas graduações de seringa para insulina. Comumente nos serviços de saúde encontramos seringas específicas para insulina, com a graduação em unidades, ou podemos utilizar a seringa de 1 mL, recordando a proporção: 1 mL = 100 UI.

Uma das etapas mais importantes do preparo da insulina para a administração é conhecer a seringa. Deve ficar claro quanto cada marcação vale.

Como exemplo, temos a seringa de 1 mL. Na seringa de 1 mL (ou 100 UI), a graduação é feita a cada 2 UI.

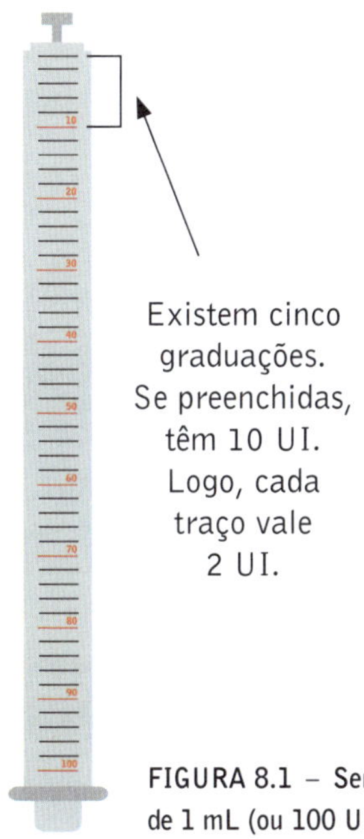

FIGURA 8.1 – Seringa de 1 mL (ou 100 UI).

Mas temos outras possibilidades. Reveja na página 41 as outras seringas de insulina e como variam as graduações. Você perceberá que, por exemplo, na seringa de 30 UI, a graduação é feita a cada 1 UI.

Em casos nos quais a dose seja número ímpar, temos duas possibilidades:

- utilizar seringas de insulina graduadas em 1 UI, como a seringa de 30 UI (ver exemplo na figura 8.2);
- utilizar a seringa de 1 mL (ou 100 UI) e aspirar o volume corresponde à metade do espaço de 2 UI (ver exemplo na figura 8.3).

As figuras 8.2 e 8.3 mostram essas possiblidades utilizando a dose de 13 UI de insulina.

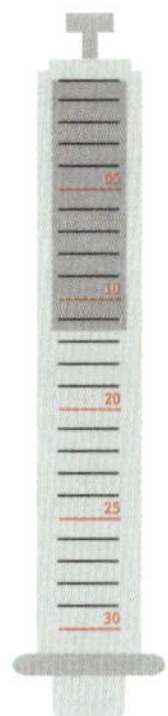

FIGURA 8.2 – Dose de 13 UI de insulina em seringa de 30 UI.

FIGURA 8.3 – Dose de 13 UI de insulina em seringa de 1 mL (ou 100 UI).

Portanto, **não arredonde a dose de insulina**. Há estratégias para garantirmos a dose exata.

Exercícios

(Resolução no Anexo 1; ver p. 235.)

1. Considerando uma seringa de 100 UI, preencha (pinte) nas figuras abaixo as quantidades de insulina indicadas.

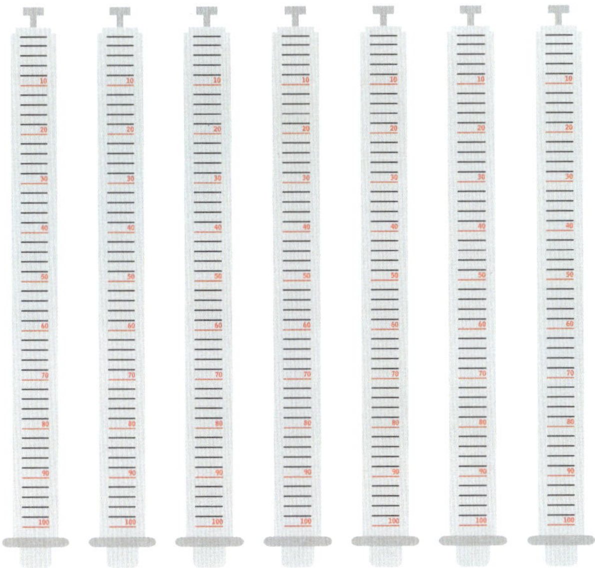

70 UI 2 UI 6 UI 10 UI 40 UI 25 UI 63 UI

2. Prescrição médica: 35 UI de insulina NPH SC. Temos frasco de 100 UI e seringa de 1 mL. Quanto devemos aspirar?
3. Prescrição médica: 40 UI de insulina R SC. Temos disponíveis frasco com 100 UI e seringa de 1 mL. Quanto devemos aspirar?
4. Você está prestando assistência a três pacientes e realizou a glicemia capilar com os valores abaixo. Considerando a tabela de correção da glicemia alterada, pinte nas seringas quantas UI de insulina regular você deve administrar.

Glicemia capilar	Dose de insulina regular
141-180 mg/dL	2 UI SC
181-240 mg/dL	4 UI SC
241-280 mg/dL	6 UI SC

a) Paciente 1: 152 mg/dL.
b) Paciente 2: 270 mg/dL.
c) Paciente 3: 182 mg/dL.

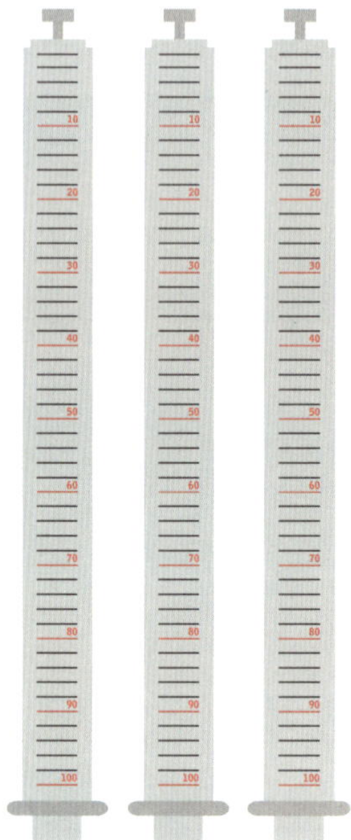

Heparinas

A heparina é apresentada em **unidades**, de duas maneiras:

- ampola de 5.000 UI/0,25 mL com via **exclusiva** de administração SC;
- frasco-ampola de 5.000 UI/mL, com volume de 5 mL, com duas vias de administração possíveis: EV e SC.

Essas proporções serão as guias para as resoluções dos cálculos com heparina.

Prescrição médica: 1.500 UI de heparina EV. Temos na unidade frasco-ampola de 5 mL com 5.000 UI/mL. Quantos mL devemos aspirar?

Vamos usar a regra de três.

5.000 UI ⟶ 1 mL
1.500 UI ⟶ x

5.000 ╳ 1
1.500 ╳ x

$5.000 \cdot x = 1.500$

$$x = \frac{1.500}{5.000}$$

$x = 0,3$

Resposta: devemos aspirar 0,3 mL.

Exercícios

(Resolução no Anexo 1; ver p. 237.)

1. Prescrição médica: 2.500 UI de heparina SC. Temos disponível frasco-ampola com 5.000 UI/mL. Quanto devemos aspirar?
2. Prescrição médica: 3.500 UI de heparina SC. Temos disponível frasco-ampola com 5.000 UI/mL. Quanto devemos aspirar?
3. Prescrição médica: 10.000 UI de heparina SC. Temos disponível ampola com 5.000 UI/0,25 mL. Quanto devemos aspirar?
4. Prescrição médica: 5.000 UI de heparina SC. Temos ampola com 5.000 UI/0,25 mL. Quanto devemos aspirar?

Cálculos envolvendo penicilina cristalina

A penicilina cristalina é um antibiótico amplamente utilizado. Encontramos em frasco-ampola, necessitando de reconstituição com água para injeção ou solvente indicado pelos fabricantes. Pode ser administrada via IM ou EV.

Após a fase de reconstituição, o volume final dessa penicilina aumenta, e o volume que expandiu precisa ser considerado no cálculo.

QUADRO 8.1 – Expansão da penicilina cristalina.

Penicilina cristalina 5.000.000 UI (5 milhões).	2 mL de expansão.
Penicilina cristalina 10.000.000 UI (10 milhões).	4 mL de expansão.

Fonte: Anvisa, (2015).

O frasco-ampola tem um volume limitado, portanto devemos considerar, como volume final, 10 mL. Dessa forma, o volume do solvente utilizado deve ser conforme mostra o quadro 8.2

QUADRO 8.2 – Volume final da penicilina cristalina após expansão.

Tipo de penicilina	**Volume de expansão**	**Volume de solvente**	**Volume final**
Penicilina cristalina 5.000.000 UI (5 milhões).	2 mL.	8 mL.	10 mL.
Penicilina cristalina 10.000.000 UI (10 milhões).	4 mL.	6 mL.	10 mL.

Fonte: Anvisa, (2015).

Nos seus cálculos, deixe sempre claro o volume da expansão, como mostra o exemplo a seguir.

Prescrição médica 1: penicilina cristalina 2.500.000 UI. Disponível no setor frasco-ampola de 5.000.000 UI. Como proceder?

Lembre-se de que o volume final será 10 mL.

Portanto:

O que temos: 5.000.000 UI em 10 mL.
O que queremos: 2.500.000 UI.

Deixe sempre este raciocínio
na montagem dos seus cálculos:
⇓

5.000.000 UI ⟶ 10 mL (8 mL de água para injeção + 2 mL de expansão.)

2.500.000 UI ⟶ x

5.000.000 ↗ 10
2.500.000 ↘ x

$5.000.000 \cdot x = 2.500.000 \cdot 10$

$$x = \frac{25.000.000}{5.000.000}$$

$x = 5$

Resposta: devemos administrar 5 mL de penicilina cristalina.

Prescrição médica 2: penicilina cristalina 8.000.000 UI. Disponível no setor frasco-ampola de 10.000.000 UI. Como proceder?

Lembre-se de que o volume final será 10 mL.

Portanto:

O que temos: 10.000.000 UI em 10 mL.
O que queremos: 8.000.000 UI.

Deixe sempre este raciocínio na montagem dos seus cálculos:
⇓

10.000.000 UI ⟶ 10 mL (6mL de água para injeção + 4mL de expansão.)

8.000.000 UI ⟶ x

10.000.000 ⤫ 10
8.000.000 ⤫ x

$$x = \frac{80.000.000}{10.000.000}$$

$x = 8$

Resposta: devemos administrar 8 mL de penicilina cristalina.

Exercícios

(Resolução no Anexo 1; ver p. 239.)

1. Prescrição médica: administrar 3.000.000 UI de penicilina cristalina EV. Temos disponíveis frascos-ampolas de 5.000.000 UI. Quantos mL devemos aspirar para administrar? Deixe o raciocínio descrito na regra de três.

2. Prescrição médica: administrar 1.000.000 UI de penicilina cristalina EV. Temos disponível frasco-ampola de 5.000.000 UI. Quantos mL devemos aspirar para administrar? Deixe o raciocínio descrito na regra de três.
3. Prescrição médica: administrar 5.000.000 UI de penicilina cristalina EV. Temos disponível frasco-ampola de 10.000.000 UI. Quantos mL devemos aspirar para administrar? Deixe o raciocínio descrito na regra de três.
4. Prescrição médica: administrar 7.000.000 UI de penicilina cristalina EV. Temos disponível frasco-ampola de 10.000.000 UI. Quantos mL devemos aspirar para administrar? Deixe o raciocínio descrito na regra de três.

Transformação de soros

Os soros são soluções injetáveis com muitos usos, como hidratação, reposição de calorias, medicação e tratamento de diarreia, entre outros.

Os mais usados são:

- soro glicosado, que pode ser apresentado como SG 5% ou SG 10%. O primeiro tem 5 g de glicose em 100 mL de água destilada, e o segundo tem 10 g de glicose em 100 mL de água destilada;
- soro fisiológico ou SF 0,9% (contém 0,9 g de cloreto de sódio em 100 mL de água destilada);
- soro glicofisiológico (SGF), que contém 0,9 g de cloreto de sódio e 5 g de soro glicosado, ambos em 100 mL de água destilada.

Em algumas situações, o paciente/cliente precisa receber outro tipo de soro, prescrito com concentrações diferentes das encontradas na unidade. Para isso, devemos fazer uma transformação.

Como exemplo, temos a seguinte prescrição médica: administrar 500 mL de SG 10%. Na unidade, temos disponíveis 500 mL de SG 5% e ampolas de 20 mL de glicose 50%.

Precisamos fazer a transformação do soro.

Etapa 1

Verificar o que temos e o que precisamos.

O que temos:
SG 5% 500 mL
5% ⟶ 5 g ⟶ 100 mL

Então:

5 g ⟶ 100 mL
x g ⟶ 500 mL

5 ╳ 100
x ╳ 500

$x \cdot 100 = 5 \cdot 500$

$$x = \frac{2.500}{100}$$

$x = 25$

Temos 25 g de glicose.

O que precisamos:
SG 10% 500 mL
10% ⟶ 10 g ⟶ 100 mL

Então:

10 g ⟶ 100 mL
x g ⟶ 500 mL

10 ╳ 100
x ╳ 500

$x \cdot 100 = 10 \cdot 500$

$$x = \frac{5.000}{100}$$

$x = 50$

Precisamos de 50 g de glicose.

Portanto, se já temos 25 g de glicose, teremos de acrescentar, ao SG 5%, 25 g de glicose.

Etapa 2

Temos na clínica ampolas de 20 mL de glicose 50% e vamos aspirar dessas ampolas a quantidade de glicose de que precisamos.

50% ⟶ 50 g ⟶ 100 mL

50 g ⟶ 100 mL
x g ⟶ 20 mL

50 ╳ 100
x ╳ 20

$x \cdot 100 = 50 \cdot 20$

$$x = \frac{1.000}{100}$$

$x = 10$

Portanto, 10 g é a quantidade que temos na ampola de 20 mL de glicose 50%.

Etapa 3
Verificamos que uma ampola de glicose 50% com 20 mL tem 10 g de glicose; precisamos de 25 g. Assim, procedemos como explicado na etapa 4.

Etapa 4
Com esta etapa, vamos descobrir quantos mL devemos aspirar da ampola de glicose 50% para acrescentar no SG 5%.

20 mL ⟶ 10 g (Proporção encontrada na ampola de glicose 50%.)
x mL ⟶ 25 g (25 g é a quantidade que verificamos que precisa ser acrescentada ao SG 5%.)

$$\begin{matrix} 20 & \searrow\nearrow & 10 \\ x & \nearrow\searrow & 25 \end{matrix}$$

$$x \cdot 10 = 20 \cdot 25$$

$$x = \frac{500}{10}$$

$$x = 50$$

Resposta: para o SG 10% 500 mL, basta acrescentar 50 mL de glicose 50% (2,5 ampolas) ao SG 5% 500 mL.

Exercícios

(Resolução no Anexo 1; ver p. 242.)

1. Prescrição médica: SG 15% 500 mL. Só temos SG 5% 500 mL e ampolas de glicose a 50% 20 mL. Como proceder?
2. Prescrição médica: 250 mL de manitol 10%. Só temos frascos de 250 mL de manitol 20% e frascos de água destilada esterilizada. Como devemos proceder?
3. Prescrição médica: preparar 500 mL de SGF. Na unidade, temos água destilada 500 mL, ampolas de 10 mL de glicose 50% e ampolas de 10 mL de NaCl 20%. Como proceder?
4. Prescrição médica: preparar 250 mL de bicarbonato de sódio 3%. Temos água filtrada e bicarbonato em saquinhos de 1 g. Como proceder?
5. Prescrição médica: preparar 500 mL de SGF. Temos água destilada 500 mL, glicose 50% 20 mL e NaCl 10% 10 mL. Como proceder?

Cálculos envolvendo permanganato de potássio

Permanganato de potássio ($KMnO_4$) é um sal de manganês e funciona como um forte agente oxidante. É utilizado para limpeza e tratamento de lesões de pele, como eczemas, úlceras e impetigo. Tanto no estado sólido (pó ou comprimido) como em solução aquosa, apresenta uma coloração violeta bastante intensa.

Este medicamento é utilizado usando proporções.

Acompanhe dois exemplos de como fazer, com a mesma prescrição.

Prescrição médica: preparar 1 L de $KMnO_4$ a 1:10.000. Temos comprimidos de $KMnO_4$ de 100 mg.

É necessário entender essa proporção, como mostrado a seguir.

1 : 10.000
⇓ ⇓
1 g de $KMnO_4$ 10.000 mL de água filtrada, fervida ou destilada
⇓
10.000 mL = 10 L

Portanto: 1:10.000=1 g : 10 L (1 grama para 10 litros).

Exemplo 1

Etapa 1

Descobrir quantos gramas são necessários para fazer 1 litro de solução, na proporção 1:10.000.

1 g de $KMnO_4$ ⟶ 10L
x ⟶ 1L

1 ⤫ 10
x ⤫ 1

$$x \cdot 10 = 1$$

$$x = \frac{1}{10}$$

$$x = 0{,}1$$

Etapa 2

Descobrir quantas partes de comprimidos serão necessárias para a correta diluição.

1.000 mg = 1 g (Proporção matemática.)

1.000 mg → 1 g
x → 0,1 g

1.000 ╳ 1
x ╳ 0,1

$x \cdot 1 = 1.000 \cdot 0{,}1$

$x = 100$

Resposta: para a correta solução, precisamos utilizar um comprimido de 100 mg de $KMnO_4$ em 1 L de água.

Importante: nos cálculos em que haja necessidade de manipular o comprimido para fracioná-lo, use luvas de procedimento e sempre dilua o comprimido com água destilada, aspirando a quantidade correta.

Por exemplo, considere que a quantidade do comprimido necessária à diluição seja 50 mg e que a apresentação do medicamento seja em comprimidos de 100 mg. Como proceder?

Dilua o comprimido em 10 mL de água destilada e aspire a quantidade adequada.

100 mg COMP $KMnO_4$ → 10 mL AD
50 mg → x

100 ╳ 10
50 ╳ x

$100 \cdot x = 50 \cdot 10$

$$x = \frac{500}{100}$$

$x = 5$

Logo, para a dose correta, devemos diluir em 10 mL de AD e aspirar 5 mL da solução.

Exemplo 2

Etapa 1

Transformamos 1 g em mg, pois o comprimido de $KMnO_4$ é de 100 mg. Lembre-se de que temos de trabalhar sempre com a mesma unidade de medida.

Portanto, 1 g = 1.000 mg.

Etapa 2

Fazemos a regra de três para achar quantos miligramas de $KMnO_4$ serão necessários para preparar 1 litro de solução.

1.000 mg ⟶ 10.000 mL
x ⟶ 1.000 mL

1.000 ╳ 10.000
x ╳ 1.000

$x \cdot 10.000 = 1.000 \cdot 1.000$

$$x = \frac{1.000.000}{10.000}$$

$x = 100$

Resposta: serão necessários 100 mg de $KMnO_4$ (1 comprimido) para preparar 1 L da solução.

Exercícios

(Resolução no Anexo 1; ver p. 248.)

Observação: esses exercícios têm caráter didático para fixar o raciocínio. Mantenha-se atualizado e verifique na sua unidade de saúde, com os farmacêuticos e a equipe médica, a proporção adequada e recomendada pelo Ministério da Saúde/Anvisa.

1. Precisamos preparar 2.000 mL de uma solução de $KMnO_4$ a 1:40.000, partindo de uma solução em estoque a 5%. Quantos mL de solução em estoque devemos colocar?

2. Precisamos preparar 3 L de $KMnO_4$ a 1:30.000. Temos disponíveis comprimidos de 100 mg. Como devemos proceder?
3. Devemos preparar 2 L de $KMnO_4$ a 1:20.000. Temos comprimidos de 100 mg. Como devemos proceder?
4. Precisamos preparar 1 L de $KMnO_4$ a 1:40.000. Temos comprimidos de 200 mg. Como devemos proceder?

Cálculos de gotejamento de solução

Para calcular a velocidade de gotejamento de uma solução, é necessário considerar dois fatores:

- volume total da solução;
- tempo de infusão da solução.

Destacamos a seguir as principais relações utilizadas neste tipo de cálculo e as fórmulas necessárias.

Estas são as principais relações usadas:

- 1 mililitro (ou 1 mL) = 20 gotas (ou 20 gts);
- 1 gota (ou 1 gt) = 3 microgotas (ou 3 μgts);
- 1 mililitro (ou 1 mL) = 60 microgotas (ou 60 μgts);
- μgt/min = mL/h (isto é, microgota por minuto equivale a mililitro por hora), porque 1 mL = 60 μgts.

Para calcular o número de gotas por minuto

$$\text{Gts/min} = \frac{V}{T \times 3}$$

Importante:

- V = volume ⇒ deve estar sempre em mililitros (mL).
- T = tempo ⇒ deve estar sempre em horas (h).

Para calcular o número de microgotas por minuto

$$\text{microgotas/min} = \frac{V}{T}$$

Ou:

$$\mu\text{gts/min} = \frac{V}{T}$$

Importante:

- V = volume ⇒ deve estar sempre em mililitros (mL).
- T = tempo ⇒ deve estar sempre em horas (h).

Outra forma de calcular o número de microgotas por minuto é utilizar a fórmula:

$$\text{microgotas/minuto} = \text{n}^{\underline{o}} \text{ de gotas} \times 3$$

Lembre-se: 1 gota (ou 1 gt) = 3 microgotas (ou 3 µgts).

Exemplo 1

Prescrição médica: administrar 500 mL de soro fisiológico 0,9% em 8 horas. Quantas gotas deverão ser administradas por minuto?

Aplicamos a seguinte fórmula:

$$\text{Gts/min} = \frac{V}{T \times 3}$$

$$\text{Gts/min} = \frac{500 \text{ mL}}{8 \text{ h} \times 3} \Rightarrow \text{Gts/min} = \frac{500}{8 \times 3} \Rightarrow \text{Gts/min} = \frac{500}{24} = 20{,}8$$

Resposta: deverão ser administradas 21 gts/min.

Exemplo 2

Prescrição médica: administrar 1.000 mL de soro glicosado 5% em 24 horas. Quantas microgotas deverão ser administradas por minuto?

Aplicamos a seguinte fórmula:

$$\mu gts/min = \frac{V}{T}$$

$$\mu gts/min = \frac{1.000\ mL}{24\ h} \Rightarrow \mu gts/min = \frac{1.000}{24} \Rightarrow \mu gts/min = 41{,}6$$

Resposta: deverão ser administradas 42 μgts/min.

Podemos ter prescrições médicas nas quais é solicitado que as soluções sejam calculadas para administração em minutos, e não em horas. Para tanto, utilizamos as fórmulas apresentadas a seguir.

Para administrar o volume em minutos (gotas) quando o tempo for solicitado em minutos na prescrição médica

$$Gts/min = \frac{V \times 20}{T}$$

Importante:

- V = volume ⇒ deve estar sempre em mililitros (mL).
- T = tempo ⇒ deve estar em minutos (min).

Para administrar o volume em minutos (microgotas) quando o tempo for solicitado em minutos na prescrição médica

$$\mu gts = \frac{V \times 60}{T}$$

Importante:

- V = volume ⇒ deve estar sempre em mililitros (mL).
- T = tempo ⇒ deve estar em minutos (min).

Ou utilizamos a relação: µgts/min = nº de gotas × 3.

Exemplo 1

Prescrição médica: administrar 150 mL de soro fisiológico 0,9% em 30 minutos. Quantas gotas deverão ser administradas por minuto?

Aplicamos a seguinte fórmula:

$$\text{Gts/min} = \frac{V \times 20}{T}$$

$$\text{Gts/min} = \frac{150\text{ mL} \times 20}{30\text{ min}} \Rightarrow \text{Gts/min} = \frac{150 \times 20}{30} = \frac{3.000}{30} = 100$$

Resposta: deverão ser administradas 100 gts/min.

Exemplo 2

Prescrição médica: administrar 100 mL de soro fisiológico 0,9% em 50 minutos. Quantas microgotas deverão ser administradas por minuto?

Utilizamos a seguinte fórmula:

$$\mu\text{gts/min} = \frac{V \times 60}{T}$$

$$\mu\text{gts/min} = \frac{100\text{ mL} \times 60}{50\text{ min}} \Rightarrow \mu\text{gts/min} = \frac{100 \times 60}{50}$$

$$\Rightarrow \mu\text{gts/min} = \frac{6.000}{50} = 120$$

Resposta: deverão ser administradas 120 µgts/min.

Exercícios

(Resolução no Anexo 1; ver p. 252).

1. Prescrição médica: SG 10% 600 mL EV para correr em 12 horas.
a) Quantas gotas deverão ser administradas por minuto?
b) Quantos mL de soro o paciente/cliente receberá nas 24 horas?
2. Precisamos calcular em quantas horas deverão ser administrados 500 mL de SG 5%, a uma velocidade de 20 gotas por minuto.
3. Prescrição médica: SGF 400 mL EV 40 microgotas por minuto. Em quantas horas será administrado esse soro?
4. Prescrição médica: SGF 250 mL EV, correr em 50 minutos. Quantas microgotas deverão ser administradas por minuto?
5. Prescrição médica: SF 0,9% 750 mL EV 6/6 h. Quantas gotas e quantas microgotas deverão ser administradas por minuto?
6. Prescrição médica: SG 5% 0,3 L, administrar em 4 horas. Quantas gotas deverão ser administradas por minuto?
7. Prescrição médica: SG 5% 1.000 mL EV, correr em 12 horas. Quantas gotas e quantas microgotas deverão ser administradas por minuto?
8. Prescrição médica:

SF 0,9% 600 mL
Glicose 20% 40 mL
NaCl 20% 20 mL
KCl 19,1%10 mL
} EV em 6 horas

Quantas gotas deverão ser administradas por minuto?

9. Prescrição médica:

SG 5% 100 mL
Clavulin® 1 g, 1 frasco-ampola
} EV 12/12 h, administrar em 30 minutos

Quantas gotas deverão ser administradas por minuto?

10. Prescrição médica: SG 5% 500 mL EV, sendo administrado a 11 gotas por minuto. Quanto tempo durará o soro?

Diluição e rediluição em pediatria

Em pediatria, as dosagens dos medicamentos são bem pequenas e os valores encontrados, por vezes, não são passíveis de serem aspirados. Por isso é necessário fazer a rediluição dos medicamentos.

Como exemplo, temos esta prescrição médica: penicilina cristalina 10.000 UI EV 4/4 h. Temos disponível frasco-ampola de penicilina cristalina 5.000.000 UI.

Fazemos o seguinte cálculo:

5.000.000 UI ⟶ 10 mL (8 mL de água para injeção ou AD + 2 mL de expansão.)
10.000 UI ⟶ x

$$\begin{matrix} 5.000.000 & \times & 10 \\ 10.000 & & x \end{matrix}$$

$$5.000.000 \cdot x = 10.000 \cdot 10$$

$$x = \frac{100.000}{5.000.000}$$

$$x = 0,02$$

Como não é possível aspirar 0,02 mL em uma seringa, fazemos a rediluição procedendo da forma descrita a seguir.

Aspiramos 1 mL da solução de penicilina cristalina e fazemos o cálculo para encontrar quantas unidades de penicilina cristalina temos em 1 mL:

5.000.000 UI ⟶ 10 mL
x ⟶ 1 mL

Pela regra de três, chegamos a x = 500.000 UI.

Ou seja, em 1 mL temos 500.000 UI de penicilina cristalina.

Agora vamos rediluir. Para isso, aspiramos 1 mL da solução de penicilina cristalina em uma seringa de 10 mL e completamos com 9 mL de água para injeção ou AD.

Ficamos com uma solução de 10 mL, que continua com a mesma concentração, ou seja, 500.000 UI.

Então, fazemos o cálculo:

500.000 UI ⟶ 10 mL
10.000 UI ⟶ x

Pela regra de três, chegamos a x = 0,2 mL.

Portanto, deveremos administrar 0,2 mL de penicilina cristalina da solução rediluída.

Duas etapas

Em algumas circunstâncias, precisamos fazer duas etapas.

Como exemplo, temos esta prescrição médica: amicacina 2 mg EV. Há disponível ampola de amicacina 250 mg/mL.

Assim:

1 mL ⟶ 250 mg
x ⟶ 2 mg

Pela regra de três, chegamos a x = 0,008 mL.

Primeira etapa: diluição

10 mL (1 mL de amicacina + 9 mL água para injeção ou AD) ⟶ 250 mg
x ⟶ 2 mg

Aplicando a regra de três, chegamos a x = 0,08 mL.

Como não é possível aspirar 0,08 mL na seringa, fazemos a segunda etapa, a rediluição, partindo da primeira: aspiramos 1 mL da primeira rediluição e colocamos 9 mL de água para injeção ou AD.

Vamos descobrir quantos mg existem em 1 mL dessa primeira etapa.

10 mL (da diluição)	⟶	250 mg
1 mL	⟶	x

Nessa regra de três, chegamos a x = 25 mg.

Ou seja, se aspirarmos 1 mL da diluição, teremos 25 mg de amicacina.

Segunda etapa, rediluição:

10 mL (1 mL da diluição + 9 mL de água para injeção ou AD)	⟶	25 mg
x	⟶	2 mg

Pela regra de três, chegamos a x = 0,8 mL.

Portanto, devemos aspirar 0,8 mL da rediluição para obter 2 mg de amicacina.

Existem várias formas matemáticas de realizar a rediluição. O mais importante é administrar o menor volume possível, respeitando a dose prescrita.

Exercícios

(Resolução no Anexo 1; ver p. 255.)

1. Prescrição médica: gentamicina 6 mg EV. Temos ampolas com 40 mg/mL. Quantos mL devemos administrar?
2. Prescrição médica: amicacina 20 mg EV. Temos ampolas de 250 mg/2mL. Quantos mL devemos administrar?
3. Prescrição médica: penicilina cristalina 5.000 UI EV. Temos frasco-ampola de 5.000.000 UI. Quantos mL devemos administrar?
4. Prescrição médica: heparina 350 UI EV. Temos frascos de 25.000 UI/5 mL. Quantos mL devemos administrar?

Anexo 1 – Resolução dos exercícios

Cálculos básicos

1. Some os números decimais.

Respostas:
a) 22,551
b) 7,205
c) 9,653
d) 12,963
e) 6.041,47

2. Subtraia os números decimais.

Respostas:
a) 0,873
b) 4,033
c) 1,516
d) 2,812
e) 1,74

3. Multiplique os números decimais.

Respostas:
a) 2,99061
b) 241,647
c) 72
d) 0,78
e) 0,4161
f) 0,05
g) 648
h) 5.890
i) 0,4
j) 7

4. Realize as divisões a seguir.

Respostas:
a) 7,72
b) 0,3
c) 0,4
d) 1,561...
e) 13,41333...
f) 0,075
g) 0,35
h) 1,5
i) 19,648...
j) 2,180...
k) 6,616
l) 780.000

5. Transforme as frações ordinárias abaixo em porcentagem.

Respostas:
a) 40%
b) 42,86%
c) 50%

6. Transforme os números decimais abaixo em porcentagem.

Respostas:
a) 17%
b) 175%
c) 657%
d) 820%
e) 63%
f) 320%

Cálculo de regra de três

1. Prescrição médica: administrar 60 mg de gentamicina IM. Temos frasco de 80 mg de 2 mL. Quantos mL devemos aspirar na seringa?

O que temos: 80 mg ⟶ 2 mL
O que queremos: 60 mg ⟶ x

80 ⤫ 2
60   x

$80 \cdot x = 2 \cdot 60$

$x = \frac{120}{80}$

$x = 1,5$

Resposta: temos de aspirar 1,5 mL de gentamicina na seringa.

2. Prescrição médica: administrar 8 mg de dexametasona IM. Temos ampolas de dexametasona com 4 mg/mL, em um volume de 2,5 mL.

Perceba que 2,5 mL é o volume total. Para o cálculo, precisamos usar a proporção do medicamento, ou seja, a relação de 4 mg do medicamento em 1 mL.

O que temos: 4 mg ⟶ 1 mL
O que queremos: 8 mg ⟶ x

4 ⤫ 1
8   x

$4 \cdot x = 8 \cdot 1$

$x = \frac{8}{4}$

$x = 2$

Resposta: devemos administrar 2 mL de dexametasona via IM.

3. Prescrição médica: administrar 100 mg de fenitoína IM. Temos disponíveis ampolas de 5 mL de fenitoína a 50 mg/mL. Quantos mL devemos administrar?

Perceba que 5 mL é o volume total. Para o cálculo, precisamos usar a proporção do medicamento, ou seja, a relação de 50 mg do medicamento em 1 mL.

O que temos:	50 mg ⟶	1 mL
O que queremos:	100 mg ⟶	x

50 ⤫ 1
100 ⤫ x

$50 \cdot x = 100 \cdot 1$

$x = \frac{100}{50}$

$x = 2$

Resposta: devemos administrar 2 mL de fenitoína via IM.

4. Prescrição médica: administrar 50 mg de hidrocortisona EV. Temos disponível 1 frasco-ampola com 100 mg, em conjunto com 1 ampola diluente com 2 mL. Quanto devemos aspirar na seringa para obter o que pede a prescrição?

Perceba que esse medicamento precisa ser reconstituído. Logo, usaremos o soluto (pó) que está no frasco-ampola e colocaremos o diluente (líquido da ampola) para compor o cálculo.

O que temos:	100 mg ⟶	2 mL
O que queremos:	50 mg ⟶	x

100 ⤫ 2
50 ⤫ x

$100 \cdot x = 50 \cdot 2$

$x = \frac{100}{100}$

$x = 1$

Resposta: devemos administrar 1 mL de hidrocortisona via EV.

5. Prescrição médica: administrar 40 mg de ampicilina VO. Temos disponível vidro com 60 mL de suspensão oral, com 50 mg/mL. Quantos mL devemos administrar?

O que temos:	50 mg	→	1 mL
O que queremos:	40 mg	→	x

50 ⤫ 1
40 ⤫ x

$50 \cdot x = 40 \cdot 1$

$x = \frac{40}{50}$

$x = 0{,}8$

Resposta: devemos administrar 0,8 mL de ampicilina via VO.

6. Prescrição médica: administrar 15 mg de furosemida EV. Temos ampolas de 20 mg/2mL. Quantos mL devemos administrar?

A interpretação para 20 mg/2 mL é: temos 20 mg do medicamento em 2 mL.

O que temos:	20 mg	→	2 mL
O que queremos:	15 mg	→	x

20 ⤫ 2
15 ⤫ x

$20 \cdot x = 15 \cdot 2$

$x = \frac{30}{20}$

$x = 1{,}5$

Resposta: devemos administrar 1,5 mL de furosemida via EV.

7. Prescrição médica: administrar 1,5 g de dipirona VO. Temos comprimidos de 500 mg. Quantos comprimidos devemos administrar?

Primeiro, devemos igualar as grandezas. Assim, 1,5 g = 1.500 g. Lembre-se da relação de grandezas: 1 g = 1.000 mg

Na sequência, seguimos com o cálculo da regra de três.

O que temos:	500 m	⟶	1 COMP
O que queremos:	1.500 mg	⟶	x

$$\begin{matrix} 500 & \searrow\!\!\!\nearrow & 1 \\ 1.500 & & x \end{matrix}$$

$$500 \cdot x = 1.500 \cdot 1$$

$$x = \frac{1.500}{500}$$

$$x = 3$$

Resposta: devemos administrar 3 comprimidos.

8. Prescrição médica: administrar 400 mg de ampicilina VO. Temos disponível vidro com suspensão oral, em que cada 5 mL correspondem a 0,25 g. Quantos mL devemos administrar?

Primeiro, devemos igualar as grandezas. Assim, 400 mg = 0,4 g.

O que temos:	0,25 g	⟶	5 mL
O que queremos:	0,4 g	⟶	x

$$\begin{matrix} 0{,}25 & \searrow\!\!\!\nearrow & 5 \\ 0{,}4 & & x \end{matrix}$$

$$0{,}25 \cdot x = 0{,}4 \cdot 5$$

$$x = \frac{2}{0{,}25}$$

$$x = 8$$

Resposta: devemos administrar 8 mL.

Cálculo de porcentagem simples

1. Prescrição médica: administrar 5,4 g de NaCl 20%. Temos ampolas de 10 mL de NaCl 20%.

Etapa 1

O que temos: 1 ampola de 10 mL de NaCl 20%.

Etapa 2

Proporção: 20 g em 100 mL.
Precisamos descobrir quantos gramas temos nessa ampola.

20 g ⟶ 100 mL
x g ⟶ 10 mL

20 100
x 10

$x \cdot 100 = 20 \cdot 10$

$$x = \frac{200}{100}$$

$x = 2$

Na ampola de 10 mL de NaCl 20%, temos 2 g.

Etapa 3

Cálculo de acordo com a prescrição médica.

2 g ⟶ 10 mL
5,4 g ⟶ x mL

2 10
5,4 x

$2 \cdot x = 5{,}4 \cdot 10$

$$x = \frac{54}{2}$$

$x = 27$

Resposta: devemos aspirar 27 mL de NaCl 20%, ou seja, precisaremos de 3 ampolas para termos a dose correta.

2. Na prescrição médica, há um item de 500 mL de SF 0,9%. Quantos gramas de NaCl foram prescritos?

Etapa 1
O que temos: 1 bag de 500 mL de SF 0,9%.

Etapa 2
Proporção: 0,9 g em 100 mL.
Descobrir quantos gramas temos nessa bag.

0,9 g ⟶ 100 mL
x g ⟶ 500 mL

0,9 ⤫ 100
x ⤫ 500

$x \cdot 100 = 0{,}9 \cdot 500$

$$x = \frac{450}{100}$$

$x = 4{,}5$

Resposta: na bag de 500 mL de SF 0,9% temos 4,5 g.

3. Na prescrição médica, há um item de 1.000 mL de SG 5%. Quantos gramas de glicose foram prescritos?

Etapa 1
O que temos: 1 bag de 1.000 mL de SG 5%.

Etapa 2
Proporção: 5 g em 100 mL.
Descobrir quantos gramas temos nessa bag.

5 g ⟶ 100 mL
x g ⟶ 1.000 mL

5 ⤫ 100
x ⤫ 1.000

$x \cdot 100 = 5 \cdot 1.000$

$$x = \frac{5.000}{100}$$

$x = 50$

Resposta: na bag de 500 mL de SG 5% temos 50 g.

4. Prescrição médica: administrar 6,1 g de NaCl 20%. Como proceder?

Etapa 1

O que temos: 1 ampola de 10 mL de NaCl 20%.

Etapa 2

Proporção: 20 g em 100 mL.
Descobrir quantos gramas temos nessa ampola.

$$\begin{array}{lcl} 20\text{ g} & \longrightarrow & 100\text{ mL} \\ x\text{ g} & \longrightarrow & 10\text{ mL} \end{array}$$

$$\begin{array}{ccc} 20 & \times & 100 \\ x & & 10 \end{array}$$

$$x \cdot 100 = 20 \cdot 10$$

$$x = \frac{200}{100}$$

$$x = 2$$

Na ampola de 10 mL de NaCl 20%, temos 2 g.

Etapa 3

Cálculo de acordo com a prescrição médica.

$$\begin{array}{lcl} 2\text{ g} & \longrightarrow & 10\text{ mL} \\ 6{,}1\text{ g} & \longrightarrow & x\text{ mL} \end{array}$$

$$\begin{array}{ccc} 2 & \times & 10 \\ 6{,}1 & & x \end{array}$$

$$2 \cdot x = 6{,}1 \cdot 10$$

$$x = \frac{61}{2}$$

$$x = 30{,}5$$

Resposta: devemos aspirar 30,5 mL de NaCl 20%, ou seja, precisaremos de 4 ampolas para termos a dose correta e haverá sobra.

5. Prescrição médica: administrar dexametasona 0,4%. Precisamos de 0,006 g.

Nesse enunciado, não temos o volume do recipiente. Mas, utilizando a proporção, conseguimos descobrir quantos mL serão administrados.

Etapa 1

Proporção: 0,4 g em 100 mL.
O que temos: 0,4 g de dexametasona em 100 mL.
O que queremos: 0,006 g.

Etapa 2

0,4 g ⟶ 100 mL
0,006 g ⟶ x mL

0,4 ╳ 100
0,006 ╳ x

$0{,}4 \cdot x = 0{,}006 \cdot 100$

$x = \frac{0{,}6}{0{,}4}$

$x = 1{,}5$

Resposta: devemos aspirar 1,5 mL para obter a dose prescrita.

Cálculos para insulina e heparina

Insulinas

1. Considerando uma seringa de 100 UI, preencha (pinte) nas figuras abaixo as quantidades de insulina indicadas.

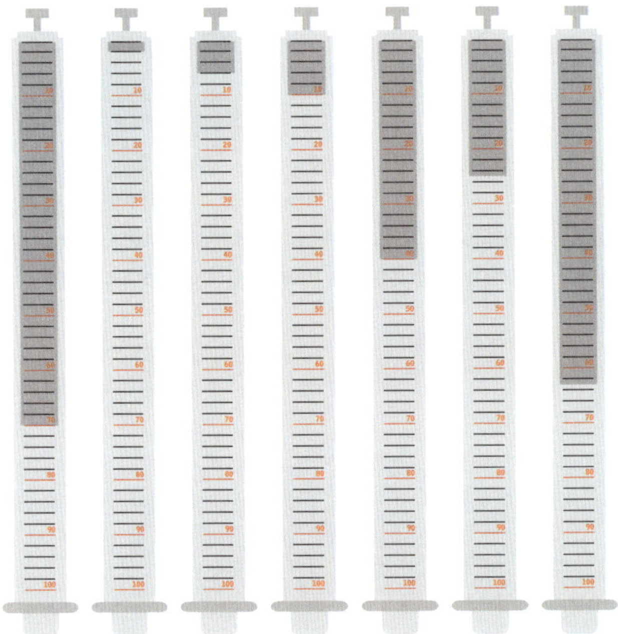

70 UI 2 UI 6 UI 10 UI 40 UI 25 UI 63 UI

2. Prescrição médica: 35 UI de insulina NPH SC. Temos frasco de 100 UI e seringa de 1 mL. Quanto devemos aspirar?

Etapa 1

Proporção: 100 UI em 1 mL.

Etapa 2

100 UI → 1 mL
35 UI → x

100 ⤫ 1
35 ⤫ x

$100 \cdot x = 35 \cdot 1$

$x = \frac{35}{100}$

$x = 0{,}35$

Resposta: devemos aspirar 0,35 mL.

3. Prescrição médica: 40 UI de insulina R SC. Temos disponível frasco com 100 UI e seringa de 1 mL. Quanto devemos aspirar?

Etapa 1
Proporção: 100 UI em 1 mL.

Etapa 2

100 UI → 1 mL
40 UI → x

100 ⤫ 1
40 ⤫ x

$100 \cdot x = 40 \cdot 1$

$x = \frac{40}{100}$

$x = 0{,}4$

Resposta: devemos aspirar 0,4 mL.

4. Você está prestando assistência a três pacientes e realizou a glicemia capilar com os valores abaixo. Considerando a tabela de correção da glicemia alterada, pinte nas seringas quantas UI de insulina regular você deve administrar.

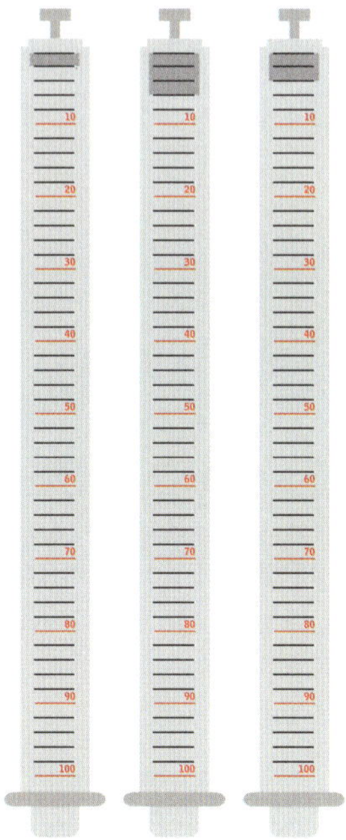

a) b) c)

Heparinas

1. Prescrição médica: 2.500 UI de heparina SC. Temos disponível frasco-ampola com 5.000 UI/mL. Quanto devemos aspirar?

5.000 UI ⟶ 1 mL
2.500 UI ⟶ x

$$\begin{matrix} 5.000 & \times & 1 \\ 2.500 & & x \end{matrix}$$

$5.000 \cdot x = 2.500 \cdot 1$

$$x = \frac{2.500}{5.000}$$

$x = 0,5$

Resposta: devemos aspirar 0,5 mL.

2. Prescrição médica: 3.500 UI de heparina SC. Temos disponível frasco-ampola com 5.000 UI/mL. Quanto devemos aspirar?

$$\begin{array}{lcl} 5.000\ \text{UI} & \longrightarrow & 1\ \text{mL} \\ 3.500\ \text{UI} & \longrightarrow & x \end{array}$$

$$\begin{array}{lcl} 5.000 & \times & 1 \\ 3.500 & & x \end{array}$$

$5.000 \cdot x = 3.500 \cdot 1$

$$x = \frac{3.500}{5.000}$$

$x = 0{,}7$

Resposta: devemos aspirar 0,7 mL.

3. Prescrição médica: 10.000 UI de heparina SC. Temos disponível ampola com 5.000 UI/0,25 mL. Quanto devemos aspirar?

$$\begin{array}{lcl} 5.000\ \text{UI} & \longrightarrow & 0{,}25\ \text{mL} \\ 10.000\ \text{UI} & \longrightarrow & x \end{array}$$

$$\begin{array}{lcl} 5.000 & \times & 1 \\ 10.500 & & x \end{array}$$

$5.000 \cdot x = 10.000 \cdot 0{,}25$

$$x = \frac{2.500}{5.000}$$

$x = 0{,}5$

Resposta: devemos aspirar 0,5 mL.

4. Prescrição médica: 5.000 UI de heparina SC. Temos ampola com 5.000 UI/0,25 mL. Quanto devemos aspirar?

5.000 UI ⟶ 0,25 mL
5.000 UI ⟶ x

5.000 ╳ 0,25
5.000 ╳ x

$5.000 \cdot x = 5.000 \cdot 0,25$

$x = \frac{1.250}{5.000}$

$x = 0,25$

Resposta: devemos aspirar 0,25 mL.

Cálculos envolvendo penicilina cristalina

1. Prescrição médica: administrar 3.000.000 UI de penicilina cristalina EV. Temos disponíveis frascos-ampolas de 5.000.000 UI. Quantos mL devemos aspirar para administrar? Deixe o raciocínio descrito na regra de três.

O que temos: 5.000.000 UI em 10 mL.
O que queremos: 3.000.000 UI.

5.000.000 UI ⟶ 10 mL (8 mL de água para injeção + 2 mL de expansão.)
3.000.000 UI ⟶ x

5.000.000 ╳ 10
3.000.000 ╳ x

$5.000.000 \cdot x = 3.000.000 \cdot 10$

$x = \frac{30.000.000}{5.000.000}$

$x = 6$

Resposta: devemos aspirar para administrar 6 mL de penicilina cristalina.

2. Prescrição médica: administrar 1.000.000 UI de penicilina cristalina EV. Temos disponível frasco-ampola de 5.000.000 UI. Quantos mL devemos aspirar para administrar? Deixe o raciocínio descrito na regra de três.

O que temos: 5.000.000 UI em 10 mL.
O que queremos: 1.000.000 UI.

5.000.000 UI ⟶ 10 mL (8 mL de água para injeção + 2 mL de expansão.)
1.000.000 UI ⟶ x

5.000.000 ⤫ 10
1.000.000 ⤫ x

$5.000.000 \cdot x = 1.000.000 \cdot 10$

$$x = \frac{10.000.000}{5.000.000}$$

$x = 2$

Resposta: devemos aspirar para administrar 2 mL de penicilina cristalina.

3. Prescrição médica: administrar 5.000.000 UI de penicilina cristalina EV. Temos disponível frasco-ampola de 10.000.000 UI. Quantos mL devemos aspirar para administrar? Deixe o raciocínio descrito na regra de três.

O que temos: 10.000.000 UI em 10 mL.
O que queremos: 5.000.000 UI.

10.000.000 UI ⟶ 10 mL (6 mL de água para injeção + 4 mL de expansão.)
5.000.000 UI ⟶ x

10.000.000 ⤫ 10
5.000.000 ⤫ x

$10.000.000 \cdot x = 5.000.000 \cdot 10$

$$x = \frac{50.000.000}{10.000.000}$$

$x = 5$

Resposta: devemos aspirar para administrar 5 mL de penicilina cristalina.

4. Prescrição médica: administrar 7.000.000 UI de penicilina cristalina EV. Temos disponível frasco-ampola de 10.000.000 UI. Quantos mL devemos aspirar para administrar? Deixe o raciocínio descrito na regra de três.

O que temos: 10.000.000 UI em 10 mL.
O que queremos: 7.000.000 UI.

10.000.000 UI → 10 mL (6 mL de água para injeção + 4 mL de expansão.)
7.000.000 UI → x

10.000.000 ⤫ 10
7.000.000 ⤫ x

$$10.000.000 \cdot x = 7.000.000 \cdot 10$$

$$x = \frac{70.000.000}{10.000.000}$$

$$x = 7$$

Resposta: devemos aspirar para administrar 7 mL de penicilina cristalina.

Transformação de soros

1. Prescrição médica: SG 15% 500 mL. Só temos SG 5% 500 mL e ampolas de glicose a 50% 20 mL. Como proceder?

Etapa 1

Verificar o que temos e o que precisamos.

O que temos:
SG 5% 500 mL
5% → 5 g → 100 mL

Então:
5 g → 100 mL
x g → 500 mL

5 ⤫ 100
x ⤫ 500

$x \cdot 100 = 5 \cdot 500$

$x = \frac{2.500}{100}$

$x = 25$

Temos 25 g de glicose.

O que precisamos:
SG 15% 500 mL
15% → 10 g → 100 mL

Então:
15 g → 100 mL
x g → 500 mL

15 ⤫ 100
x ⤫ 500

$x \cdot 100 = 15 \cdot 500$

$x = \frac{7.500}{100}$

$x = 75$

Precisamos de 75 g de glicose.

Portanto, se já temos 25 g de glicose, teremos de acrescentar, ao SG 5%, 50 g de glicose.

Etapa 2

Temos na unidade ampolas de glicose 50% 20 mL, e vamos aspirar dessas ampolas a quantidade de glicose de que precisamos.

50% → 50 g → 100 mL

50 g → 100 mL
g → 20 mL

50   100
x   20

$x \cdot 100 = 50 \cdot 20$

$$x = \frac{1.000}{100}$$

$x = 10$

Ou seja, 10 g é a quantidade que temos na ampola de 20 mL de glicose 50%.

Etapa 3

Verificamos que uma ampola de glicose 50% com 20 mL tem 10 g de glicose; precisamos de 50 g.

Etapa 4

Com esta etapa, vamos descobrir quantos mL devemos aspirar da ampola de glicose 50% para acrescentar no SG 5%.

20 mL → 10 g (Proporção encontrada na ampola de glicose 50%.)
x mL → 50 g (25 g é a quantidade que verificamos que precisa ser acrescentada no SG 5%.)

20   10
x   50

$x \cdot 10 = 20 \cdot 50$

$$x = \frac{1.000}{100}$$

$x = 100$

Assim, 100 mL de glicose 50% é a quantidade necessária para termos a concentração prescrita de 15%. Porém observe que, se acrescentarmos 100 mL, teremos um volume final de 600 mL.

Etapa 5
Dessa forma, devemos desprezar 100 mL do SG 5% para obter o volume final de 500 mL.

Mas lembre-se de que, ao desprezar 100 mL de SG 5%, 5 g de glicose estão sendo desprezadas também.

Assim, acrescente os 100 mL da etapa 4, equivalente a 5 ampolas de glicose 50%, mais 10 mL dessa mesma ampola, para acrescentarmos os 5 g faltantes (ver etapa 2).

Resposta: devemos desprezar 100 mL do SG5% e acrescentar 5 ½ ampolas de glicose 50%.

2. Prescrição médica: 250 mL de manitol 10%. Só temos frascos de 250 mL de manitol 20% e frascos de água destilada esterilizada. Como devemos proceder?

Etapa 1
Verificar o que temos e o que precisamos.

O que temos:
Manitol 20% 250 mL
20% → 20 g → 100 mL

Então:
20 g → 100 mL
x g → 250 mL

20 ↗ 100
x ↘ 250

$x \cdot 100 = 20 \cdot 250$
$x = \frac{5.000}{100}$
$x = 50$

Temos 50 g de manitol.

O que precisamos:
Manitol 10% 250 mL
10% → 10 g → 100 mL

Então:
10 g → 100 mL
x g → 250 mL

10 ↗ 100
x ↘ 250

$x \cdot 100 = 10 \cdot 250$
$x = \frac{2.500}{100}$
$x = 25$

Precisamos de 25 g de manitol.

Veja que neste caso temos 50 g de manitol em 250 mL de água para injeção.

Etapa 2

Mantemos a concentração prescrita, desprezando 125 mL (metade do volume). Assim ficamos com 25 g de manitol em 125 mL de água.

Para obter o volume final, acrescentamos 125 mL de água destilada.

Resposta: desprezamos 125 mL de manitol 20% e acrescentamos 125 mL de água destilada.

3. Prescrição médica: preparar 500 mL de SGF. Na unidade, temos água destilada 500 mL, ampolas de 10 mL de glicose 50% e ampolas de 10 mL de NaCl 20%. Como proceder?

Etapa 1

Verificar o que temos e o que precisamos.

O que temos		O que precisamos	
Ampolas de 10 mL de glicose 50%	Ampolas de 10 mL de NaCl 20%	SGF = NaCl 0,9% + glicose 5% (Precisamos de 500 mL de soro com esta concentração.)	
50% → 50 g em 100 mL	20% → 20 g em 100 mL	Glicose 5% → 5 g de glicose em 100 mL	NaCl 0,9% → 0,9 g de NaCl em 100 mL
50 g → 100 mL x → 10 mL	20 g → 100 mL x → 10 mL	5 g → 100 mL x → 500 mL	0,9 g → 100 mL x → 500 mL
50 ✕ 100 x ✕ 10	20 ✕ 100 x ✕ 10	5 ✕ 100 x ✕ 500	0,9 ✕ 100 x ✕ 500
$x \cdot 100 = 50 \cdot 10$	$x \cdot 100 = 20 \cdot 10$	$x \cdot 100 = 5 \cdot 500$	$x \cdot 100 = 500 \cdot 0{,}9$
$x = \frac{500}{100}$	$x = \frac{200}{100}$	$x = \frac{2.500}{100}$	$x = \frac{450}{100}$
x = 5 g	x = 2 g	x = 25 g	x = 4,5 g

Etapa 2

Para manter a concentração de 5% de glicose e 0,9% de NaCl, devemos executar os passos a seguir.

Aspirar 5 ampolas de glicose 50 %, o que corresponde a um volume de 50 mL.

Aspirar 2 ampolas inteiras (20 mL) mais 2,5 mL de SF 0,9%, o que corresponde a um volume de 22,5 mL.

Ambos representam 72,5 mL.

Desprezar 72,5 mL de água destilada e inserir a quantidade de glicose e NaCl identificadas.

Resposta: desprezamos 72,5 mL de água destilada e acrescentamos 22,5 mL de NaCl 20% e 50 mL de glicose 50%.

4. Prescrição médica: preparar 250 mL de bicarbonato de sódio 3%. Temos água filtrada e bicarbonato em saquinhos de 1 g. Como proceder?

O que temos:
Bicarbonato de sódio 3% = 3 g em 100 mL

3 g ⟶ 100 mL
x ⟶ 250 mL

3 ⤨ 100
x ⤨ 250

$x \cdot 100 = 250 \cdot 3$

$$x = \frac{750}{100}$$

$x = 7{,}5$ g

Resposta: devemos colocar 7 ½ saquinhos de bicarbonato em 250 mL de água filtrada.

5. Prescrição médica: preparar 500 mL de SGF. Temos água destilada 500 mL, glicose 50% 20 mL e NaCl 10% 10 mL. Como proceder?

Etapa 1

Verificar o que temos e o que precisamos.

O que temos		**O que precisamos**	
Ampolas de 20 mL de glicose 50%	Ampolas de 10 mL de NaCl 10%	SGF = NaCl 0,9% + glicose 5% (Precisamos de 500 mL de soro com esta concentração.)	
50% → 50 g em 100 mL	10% → 10 g em 100 mL	Glicose 5% → 5 g de glicose em 100 mL	NaCl 0,9% → 0,9 g de NaCl em 100 mL
50 g → 100 mL x → 20 mL	10 g → 100 mL x → 10 mL	5 g → 100 mL x → 500 mL	0,9 g → 100 mL x → 500 mL
50 ╳ 100 x ╳ 20	10 ╳ 100 x ╳ 10	5 ╳ 100 x ╳ 500	0,9 ╳ 100 x ╳ 500
$x \cdot 100 = 50 \cdot 20$	$x \cdot 100 = 10 \cdot 10$	$x \cdot 100 = 5 \cdot 500$	$x \cdot 100 = 500 \cdot 0{,}9$
$x = \frac{1.000}{100}$	$x = \frac{100}{100}$	$x = \frac{2.500}{100}$	$x = \frac{450}{100}$
x = 10 g	x = 1 g	x = 25 g	x = 4,5 g

Etapa 2

Para manter a concentração de 5% de glicose e 0,9% de NaCl, devemos executar os passos seguir.

Aspirar 2 ½ ampolas de glicose 50 %, o que corresponde a um volume de 50 mL.

Aspirar 4 ½ ampolas de NaCl 10%, o que corresponde a um volume de 45 mL.

Ambos representam 95 mL.

Desprezar 95 mL de água destilada e inserir a quantidade de glicose e NaCl identificadas.

Resposta: desprezamos 95 mL de água destilada e acrescentamos 45 mL de NaCl 10% e 50 mL de glicose 50%.

Cálculos envolvendo permanganato de potássio

1. Precisamos preparar 2.000 mL de uma solução de $KMnO_4$ a 1:40.000, partindo de uma solução em estoque a 5%. Quantos mL de solução em estoque devemos colocar?

Etapa 1

1:40.000 = 1 g em 40.000 mL = 1 g em 40 L

2.000 mL = 2 L

1 g ⟶ 40 L

x ⟶ 2 L

1 ⤫ 40

x ⤫ 2

$x \cdot 40 = 1 \cdot 2$

$x = \frac{2}{40}$

$x = 0{,}05$

Etapa 2

Retirando da solução a 5%.

5 g ⟶ 100 mL

0,05 ⟶ x

5 ⟶ 100

0,05 ⟶ x

5 ⤫ 100

0,05 ⤫ x

$5 \cdot x = 0{,}05 \cdot 100$

$x = \frac{2}{5}$

$x = 1$

Resposta: 1 mL de solução.

2. Precisamos preparar 3 L de $KMnO_4$ a 1:30.000. Temos disponíveis comprimidos de 100 mg. Como devemos proceder?

Etapa 1

1 g $KMnO_4$ ⟶ 30.000 mL = 30 L
x ⟶ 3 L

$$\begin{matrix} 1 & \times & 30 \\ x & & 3 \end{matrix}$$

$$x \cdot 30 = 1 \cdot 3$$

$$x = \frac{3}{30}$$

$$x = 0{,}1$$

Etapa 2

Descobrir quantas partes de comprimidos serão necessárias para a correta diluição.

1.000 mg = 1 g (Proporção matemática.)

1.000 mg ⟶ 1 g
x ⟶ 0,1 g

$$\begin{matrix} 1.000 & \times & 1 \\ x & & 0{,}1 \end{matrix}$$

$$x \cdot 1 = 1.000 \cdot 0{,}1$$

$$x = \frac{100}{1}$$

$$x = 100$$

Resposta: para a correta solução, precisamos utilizar 1 comprimido de 100 mg de $KMnO_4$ em 3L de água.

3. Devemos preparar 2 L de $KMnO_4$ a 1:20.000. Temos comprimidos de 100 mg. Como devemos proceder?

Etapa 1

1 g de $KMnO_4$ ⟶ 20.000 mL = 20 L
x ⟶ 2 L

1 ⤫ 0
x ⤫ 2

$x \cdot 20 = 1 \cdot 2$

$$x = \frac{2}{20}$$

$x = 0{,}1$

Etapa 2

Descobrir quantas partes de comprimidos serão necessárias para a correta diluição.

1.000 mg = 1 g (Proporção matemática.)

1.000 mg ⟶ 1 g
x ⟶ 0,1 g

1.000 ⤫ 1
x ⤫ 0,1

$x \cdot 1 = 1.000 \cdot 0{,}1$

$$x = \frac{100}{1}$$

x – 100

Resposta: 1 comprimido de 100 mg em 2 L de água destilada.

4. Precisamos preparar 1 L de $KMnO_4$ a 1:40.000. Temos comprimidos de 200 mg. Como devemos proceder?

Etapa 1

1 g de $KMnO_4$ ⟶ 40.000 mL = 40 L
x ⟶ 1 L

1 ⤫ 40
x ⤫ 1

$x \cdot 40 = 1 \cdot 1$

$x = \frac{1}{40}$

$x = 0{,}025$ g

Etapa 2
Descobrir quantas partes de comprimidos serão necessárias para a correta diluição.

1 g = 1. 000 mg (Proporção matemática.)

1 g ⟶ 1.000 mg
0,025 g de $KMnO_4$ ⟶ x

1 ⤫ 1.000
0,025 ⤫ x

$x \cdot 1 = 1.000 \cdot 0{,}025$

$x = \frac{25}{1}$

$x = 25$

Etapa 3
Diluir o COMP.

1 COMP = 200 mg de $KMnO_4$
Dilui em 10 mL de AD.

Portanto:

200 mg de $KMnO_4$ ⟶ 10 mL AD
25 mg ⟶ x

200 ⤫ 10
25 ⤫ x

$200 \cdot x = 10 \cdot 25$

$x = \frac{250}{200}$

$x = 1{,}25$ mL

Resposta: 1,25 mL da solução em 1 L de água destilada.

Cálculos de gotejamento de solução

1. Prescrição médica: SG 10% 600 mL EV para correr em 12 horas.

a) Quantas gotas deverão ser administradas por minuto?

$$\text{Gts/min} = \frac{V}{T \times 3} \Rightarrow \frac{600 \text{ mL}}{12 \text{ h} \times 3} \Rightarrow \frac{600}{36} \Rightarrow 16{,}6 \Rightarrow 17$$

Resposta: deverão ser administradas 17 gts/min.

b) Quantos mL de soro o paciente/cliente receberá nas 24 horas?

$$\text{Gts/min} = \frac{V}{T \times 3} \Rightarrow 17 = \frac{V}{24 \times 3} \Rightarrow V = 17 \times 72 \Rightarrow V = 1.224$$

Resposta: o paciente/cliente receberá 1.224 mL nas 24 horas.

2. Precisamos calcular em quantas horas deverão ser administrados 500 mL de SG 5%, a uma velocidade de 20 gotas por minuto.

$$\text{Gts/min} = \frac{V}{T \times 3} \Rightarrow 20 = \frac{500}{T \times 3} \Rightarrow 20 = \frac{500}{T \times 3} \Rightarrow 20\ (T \times 3)$$

$$= 500 \Rightarrow T \times 3 = \frac{500}{20} \Rightarrow T \times 3 = 25 \Rightarrow T = \frac{25}{3} \Rightarrow 8{,}3 \Rightarrow 8$$

Resposta: o medicamento prescrito será administrado em 8 horas.

3. Prescrição médica: SGF 400 mL EV 40 microgotas por minuto. Em quantas horas será administrado esse soro?

$$\mu\text{gts/min} = \frac{V}{T} \Rightarrow 40 = \frac{400}{T} \Rightarrow T \times 40 = 400 \Rightarrow T = \frac{400}{40} \Rightarrow T = 10$$

Resposta: o medicamento prescrito será administrado em 10 horas.

4. Prescrição médica: SGF 250 mL EV, correr em 50 minutos. Quantas microgotas deverão ser administradas por minuto?

$$\mu\text{gts/min} = \frac{V \times 60}{T} \Rightarrow \frac{250 \times 60}{50} \Rightarrow \frac{15.000}{50} \Rightarrow 300$$

Resposta: deverão ser administradas 300 µgts/min.

5. Prescrição médica: SF 0,9% 750 mL EV 6/6 h. Quantas gotas e quantas microgotas deverão ser administradas por minuto?

$$\text{Gts/min} = \frac{V}{T \times 3} \Rightarrow \frac{750}{6 \times 3} \Rightarrow \frac{750}{18} \Rightarrow 41{,}6 \Rightarrow 42$$

Resposta: deverão ser administradas 42 gts/min.

$$\mu\text{gts/min} = \frac{V}{T} \Rightarrow \frac{750}{6} \Rightarrow 125$$

Resposta: deverão ser administradas 125 μgts/min.

6. Prescrição médica: SG 5% 0,3 L, administrar em 4 horas. Quantas gotas deverão ser administradas por minuto?
1 L = 1.000 mL ⇒ 0,3 L = 300 mL.

$$\text{Gts/min} = \frac{V}{T \times 3} \Rightarrow \frac{300}{4 \times 3} \Rightarrow \frac{300}{12} \Rightarrow 25$$

Resposta: deverão ser administradas 25 gts/min.

7. Prescrição médica: SG 5% 1.000 mL EV, correr em 12 horas. Quantas gotas e quantas microgotas deverão ser administradas por minuto?

$$\text{Gts/min} = \frac{V}{T \times 3} \Rightarrow \frac{1.000}{12 \times 3} \Rightarrow \frac{1.000}{36} \Rightarrow 27{,}7 \Rightarrow 28$$

Resposta: deverão ser administradas 28 gts/min.

$$\mu\text{gts/min} = \frac{V}{T} \Rightarrow \frac{1.000}{12} \Rightarrow 83{,}3 \Rightarrow 83$$

Resposta: deverão ser administradas 83 μgts/min.

8. Prescrição médica:

SF 0,9% 600 mL
Glicose 20% 40 mL
NaCl 20% 20 mL
KCl 19,1% 10 mL
} EV em 6 horas

Quantas gotas deverão ser administradas por minuto?

Para este cálculo, devemos somar todos os volumes.

SF 0,9%	600 mL
Glicose 20%	40 mL
NaCl 20%	20 mL
KCl 19,1%	10 mL
Volume total	670 mL

$$\text{Gts/min} = \frac{670}{6 \times 3} \Rightarrow \frac{670}{18} \Rightarrow 37{,}2 \Rightarrow 37$$

Resposta: deverão ser administradas 37 gts/min.

9. Prescrição médica:
SG 5% 100 mL
Clavulin® 1 g, 1 frasco-ampola } EV 12/12 h, administrar em 30 minutos

Quantas gotas deverão ser administradas por minuto?

Primeiro, vamos reconstituir o Clavulin® 1 g em 10 mL de AD. Assim, o volume somado no SG 5% será 10 mL.

SG 5%	100 mL
Clavulin®	10 mL
Volume total	110 mL

$$\text{Gts/min} = \frac{V \times 20}{T} \Rightarrow \frac{110 \times 20}{30} \Rightarrow \frac{2.200}{30} \Rightarrow 73{,}3 = 73$$

Resposta: 73 gts/min.

10. Prescrição médica: SG 5% 500 mL EV, sendo administrado a 11 gotas por minutos. Quanto tempo durará o soro?

$$\text{Gts/min} = \frac{V}{T \times 3} \Rightarrow 11 = \frac{500}{T \times 3} \Rightarrow 11(T \times 3) = 500 \Rightarrow T \times 3 =$$

$$\frac{500}{11} \Rightarrow T = \frac{500}{33} = 15{,}1$$

Resposta: a duração do soro será de 15 horas.

Diluição e rediluição em pediatria

1. Prescrição médica: gentamicina 6 mg EV. Temos ampolas com 40 mg/mL. Quantos mL devemos administrar?

Etapa 1

Verificar quantos mL foram prescritos.

40 g ⟶ 1 mL
6 mg ⟶ x

40 ⤨ 1
6 ⤨ x

$40 \cdot x = 6$

$$x = \frac{6}{40}$$

$x = 0{,}15$

Foi prescrito 0,15 mL.

Etapa 2

Diluição.

10 mL (1 mL de gentamicina + 9 mL de água para injeção ou AD.) ⟶ 40 mg
x ⟶ 6 mg

10 ⤨ 40
x ⤨ 6

$x \cdot 40 = 10 \cdot 6$

$$x = \frac{60}{40}$$

$x = 1{,}5$

Resposta: devemos administrar 1,5 mL.

2. Prescrição médica: amicacina 20 mg EV. Temos ampolas de 250 mg/2mL. Quantos mL devemos administrar?

Etapa 1
Verificar quantos mL foram prescritos.

250 mg ⟶ 2 mL
20 mg ⟶ x

$$\begin{matrix} 250 & \times & 2 \\ 20 & & x \end{matrix}$$

$250 \cdot x = 20 \cdot 2$

$$x = \frac{40}{250}$$

$x = 0{,}16$

Foi prescrito 0,16 mL.

Etapa 2
Diluição.

10 mL (1 mL de amicacina + 9 mL de diluente informado pelo fabricante ou farmácia hospitalar.) ⟶ 125 mg
x ⟶ 20 mg

$$\begin{matrix} 10 & \times & 125 \\ x & & 20 \end{matrix}$$

$x \cdot 125 = 10 \cdot 20$

$$x = \frac{200}{125}$$

$x = 1{,}6$

Resposta: devemos administrar 1,6 mL.

3. Prescrição médica: penicilina cristalina 5.000 UI EV. Temos frasco-ampola de 5.000.000 UI. Quantos mL devemos administrar?

Etapa 1

Verificar quantos mL foram prescritos.

5.000.000 UI ⟶ 10 mL (8 mL de água para injeção ou AD + 2 mL de expansão.)
5.000 UI ⟶ x

5.000.000 ╳ 10
5.000 ╳ x

$5.000.000 \cdot x = 5.000 \cdot 10$

$$x = \frac{50.000}{5.000.000}$$

$x = 0{,}01$

Foi prescrito 0,01 mL.

Etapa 2

Diluição.

10 mL (1 mL de penicilina cristalina + 9 mL de água para injeção ou AD.) ⟶ 5.000.000 UI
1 mL ⟶ x

10 ╳ 5.000.000
1 ╳ x

$10 \cdot x = 1 \cdot 5.000.000$

$$x = \frac{5.000.000}{10}$$

$x = 500.000$

Na diluição, chegamos a 500.000 UI.

Etapa 3

Rediluição.

10 mL (1 mL da diluição + 9 mL de água para injeção ou AD.) ⟶ 500.000 UI

x ⟶ 5.000 UI

$$\begin{matrix} 10 & \times & 500.000 \\ x & & 5.000 \end{matrix}$$

$x \cdot 500.000 = 10 \cdot 5.000$

$$x = \frac{50.000}{500.000}$$

$x = 0,1$

Resposta: devemos administrar 0,1 mL.

4. Prescrição médica: heparina 350 UI EV. Temos frascos de 25.000 UI/5 mL. Quantos mL devemos administrar?

Etapa 1

Descobrir quantas unidades existem em 1 mL.

25.000 UI ⟶ 5 mL

x ⟶ 1 mL

$$\begin{matrix} 25.000 & \times & 5 \\ x & & 1 \end{matrix}$$

$x \cdot 5 = 25.000 \cdot 1$

$$x = \frac{25.000}{5}$$

$x = 5.000$

Ou seja, existem 5.000 UI em 1 mL.

Etapa 2

Diluição.

10 mL (1 mL de heparina + 9 mL de água para injeção ou AD.)	⟶	5.000 UI
x	⟶	350 UI

$$\begin{array}{ccc} 10 & \times & 5.000 \\ x & & 350 \end{array}$$

$x \cdot 5.000 = 10 \cdot 350$

$$x = \frac{3.500}{5.000}$$

$x = 0,7$

Resposta: devemos administrar 0,7 mL.

Anexo 2 – Siglas e fórmulas

μg ou mcg. Micrograma.
μgt. Microgota. Também pode ser encontrada a sigla mgt.
A/O. Ambos os olhos ou as orelhas.
ACM. A critério médico (nas prescrições).
AD. Água destilada.
AMP. Ampola. Nas prescrições eletrônicas, é comum ver a forma "Amp".
AVP. Acesso venoso periférico (embora a expressão mais utilizada atualmente seja "cateter venoso periférico" ou CVP).
BIC. Bomba de infusão contínua.
bpm. Batimentos por minuto.
Ca. Cálcio.
CAP. Cápsula.
cc. Centímetro cúbico.
cm^3. Centímetro cúbico.
Cofen. Conselho Federal de Enfermagem.
COL. Colírio.
COMP. Comprimido.
Coren-SP. Conselho Regional de Enfermagem de São Paulo.
CVC. Cateter venoso central.
CVP. Cateter venoso periférico.
D. Dia.
DDD. Decúbito dorsal direito.
DDE. Decúbito dorsal esquerdo.
DDH. Decúbito dorsal horizontal.
DEF. Dicionário de especialidades farmacêuticas.
DG ou DRG. Drágea.
ENV. Envelope.
EV. Endovenosa (via).

FA. Frasco-ampola.
FC. Frequência cardíaca.
FL ou FLAC. Flaconete.
FR. Frasco.
g ou gr. Grama(s), unidade para medir a grandeza massa.
gt/gts. Gota, gotas.
h. Hora(s).
ID. Intradérmica.
IM. Intramuscular (via).
IMC. Índice de Massa Corpórea.
INJ. Injetável.
IV. Intravenosa (via).
H_2O_2. Água oxigenada.
KCl. Cloreto de potássio, comumente presente em eletrólitos (por exemplo, cloreto de potássio 19,1%).
Kg. Quilograma(s), unidade para medir a grandeza massa.
$KMnO_4$. Permanganato de potássio.
L. Litro(s), unidade para medir a grandeza volume.
M. Em prescrições, pode significar "manhã".
Mg. Magnésio.
mg. Miligrama(s), unidade para medir a grandeza massa.
min. Minuto(s).
mL. Mililitro(s), unidade para medir a grandeza volume.
mm. Milímetro(s), unidade para medir a grandeza comprimento.
MSD. Membro superior direito.
MSE. Membro superior esquerdo.
N. Em prescrições, pode significar "noite".
NaCl. Cloreto de sódio, comumente presente em soluções (por exemplo, SF 0,9%) e em flaconetes de eletrólitos (por exemplo, cloreto de sódio 20%).
NBZ. Nebulização.
O_2. Oxigênio.
OD. Olho ou orelha direito(a).
OE. Olho ou orelha esquerdo(a).
PA. Pressão arterial.
PBE. Prática baseada em evidências.
PICC. Cateter central de inserção periférica.

PNSP. Programa Nacional de Segurança do Paciente.
POM. Pomada.
PM. Prescrição médica.
QD. Quantidade (por exemplo, 1 vez ao dia).
qsp. Quantidade suficiente para.
R. Refrigerado.
REBRAENSP. Rede Brasileira de Enfermagem e Segurança do Paciente.
RH. Restrição hídrica.
RL. Ringer lactato.
S/N. Se necessário.
SAE. Sistematização da Assistência de Enfermagem.
SAT. Saturação.
SC. Subcutânea (via).
SCIH. Serviço de Controle de Infecção Hospitalar.
seg. Segundo(s).
SF. Solução fisiológica ou soro fisiológico.
SG. Solução de glicose, solução glicosada ou soro glicosado.
SGF. Soro glicofisiológico.
SL. Sublingual (via).
SNE. Sonda nasoenteral.
SNG. Sonda nasogástrica.
SOL. Solução.
SUS. Sistema Único de Saúde.
SUSP. Suspensão.
SSVV. Sinais vitais.
SVA. Sonda vesical de alívio.
SY. Spray.
T. Em prescrições, pode significar "tarde" (o período do dia). Nas fórmulas para cálculo de gotejamento, significa "tempo".
TA. Temperatura ambiente.
TB. Tubo.
TIV. Terapia intravenosa.
TRO. Terapia de reidratação oral.
U. Unidades.
UI. Unidades internacionais.
USO EXT. Uso externo.

USO INT. Uso interno.
UTI. Unidade de Terapia Intensiva.
V. Nas fórmulas para cálculo de gotejamento, significa "volume".
VD. Vidro.
VO. Via oral.
VOL. Volume.
VR. Via retal.
VV. Via vaginal.
XPE ou XP. Xarope.

Referências

AGÊNCIA NACIONAL DE VIGILÂNCIA SANITÁRIA. **Água para injeção**. Brasilia, DF: Anvisa, [20--a]. Disponível em: https://www.gov.br/anvisa/pt-br/assuntos/medicamentos/bulas-e-rotulos/especificos/arquivos/6425json-file-1. Acesso em: 27 jan. 2025.

AGÊNCIA NACIONAL DE VIGILÂNCIA SANITÁRIA. **Bicarbonato de sódio** – informações ao paciente – Hypofarma – Instituto de Hypodermia e Farmácia Ltda. Solução Injetável 50 mg/mL (5%), 84 mg/mL (8,4%), 100 mg/mL (10%). Brasília, DF: Anvisa, 2013. Disponível em: https://hypofarma.com.br/wp-content/uploads/2022/07/1-0387-0056.pdf. Acesso em: 27 jan. 2025.

AGÊNCIA NACIONAL DE VIGILÂNCIA SANITÁRIA. **Bula paciente** – glicose 5% e 10%. Halex Istar solução injetável 5% (50 mg/mL), 10% (100 mg/mL). Brasília, DF: Anvisa, 2020a. Disponível em: https://www.halexistar.com.br/static/arquivos/downloads/glicose-bula-paciente-aprov-1671604.pdf. Acesso em: 27 jan. 2025.

AGÊNCIA NACIONAL DE VIGILÂNCIA SANITÁRIA. **Consulta Pública n. 50**, de 28 de maio de 2007. Brasília, DF: Anvisa, 2007.

AGÊNCIA NACIONAL DE VIGILÂNCIA SANITÁRIA. **Cristacilina (benzilpenicilina potássica)**. Brasília, DF: Anvisa, 2015. Disponível em: http://200.199.142.163:8002/fotos_tratadas_site_14-03-2016/bulas/40636.pdf. Acesso em: 27 jan. 2025.

AGÊNCIA NACIONAL DE VIGILÂNCIA SANITÁRIA. **Medidas de prevenção de infecção relacionada à assistência à saúde**. Brasília, DF: Anvisa, 2017.

AGÊNCIA NACIONAL DE VIGILÂNCIA SANITÁRIA. **Neo Química** – NISTATINA – Brainfarma Indústria Química e Farmacêutica S.A. – Creme 25.000U.I./g. Brasília, DF: Anvisa, [20--b]. Disponível em: http://www.anvisa.gov.br/datavisa/fila_bula/frmVisualizarBula.asp?pNuTransacao=11736642016&pIdAnexo=3049521. Acesso em: 2 out. 2018.

AGÊNCIA NACIONAL DE VIGILÂNCIA SANITÁRIA. **PhosfoenemaR**. Modelo de bula para o paciente. Brasília, DF: Anvisa, [20--c]. Disponível em:

AGÊNCIA NACIONAL DE VIGILÂNCIA SANITÁRIA. **Solução de cloreto de sódio 0,9%**. Brasília, DF: Anvisa, 2007. Disponível em: https://consultas.anvisa.gov.br/#/medicamentos/519443?numeroProcesso=25351059138200741. Acesso em: 27 jan 2025.

AGÊNCIA NACIONAL DE VIGILÂNCIA SANITÁRIA. **Solução de manitol 20%**. Brasília, DF: Anvisa, 2020b. Disponível em: https://www.gov.br/anvisa/pt-br/assuntos/medicamentos/bulas-e-rotulos/especificos/arquivos/6434json-file-1. Acesso em: 27 jan 2025.

AGÊNCIA NACIONAL DE VIGILÂNCIA SANITÁRIA. **Solução de ringer com lactato**. Brasília, DF: Anvisa, 2020c. Disponível em: https://www.gov.br/anvisa/pt-br/assuntos/medicamentos/bulas-e-rotulos/especificos/arquivos/6440json-file-1. Acesso em: 2 out. 2018.

AGÊNCIA NACIONAL DE VIGILÂNCIA SANITÁRIA. **Solução de ringer**. Brasília, DF: Anvisa, 2020d. Disponível em: https://www.gov.br/anvisa/pt-br/assuntos/medicamentos/bulas-e-rotulos/especificos/arquivos/6437json-file-1. Acesso em: 27 jan. 2025.

ASSISTÊNCIA DE ENFERMAGEM humanizada nos cuidados com sondas para alimentação enteral em crianças: a autonomia para a prática domiciliar. **Saúde News**, nov. 2016. Disponível em: https://www.revistasaudenews.com.br/post/184/assistencia-de-enfermagem-humanizada-nos-cuidados-com-sondas-para-alimentacao-enteral-em-criancas:-a-autonomia-para-a-pratica-domiciliar. Acesso em: 27 jan. 2025.

ASSOCIAÇÃO BRASILEIRA DE NORMAS TÉCNICAS. **NBR5891 DE 12/2014**: Regras de arredondamento na numeração decimal. São Paulo: ABNT, 2014. Disponível em: https://www.normas.com.br/visualizar/ abnt-nbr-nm/5276/abnt-nbr5891-regras-de-arredondamento-na-numeracao-decimal. Acesso em: 27 jan. 2025.

BORTOLOZO, N. M. *et al.* **Técnicas em enfermagem**: passo a passo. Botucatu: EPUB, 2007.

BRASIL. **Decreto nº 94.406, de 8 de junho de 1987**. Regulamenta a Lei nº 7.498, de 25 de junho de 1986, que dispõe sobre o exercício da enfermagem, e dá outras providências. Disponível em: http://www.planalto.gov.br/ ccivil_03/decreto/1980-1989/d94406.htm. Acesso em: 2 out. 2018.

BRASIL. **Lei nº 5.991, de 17 de dezembro de 1973**. Dispõe sobre o Controle Sanitário do Comércio de Drogas, Medicamentos, Insumos Farmacêuticos e Correlatos, e dá outras Providências. Disponível em: http://www.planalto.gov.br/ccivil_03/LEIS/L5991.htm. Acesso em: 2 out. 2018.

BRASIL. **Lei nº 7.498, de 25 de junho de 1986**. Dispõe sobe a regulamentação do exercício da enfermagem e dá outras providências. Disponível em: http://www.planalto. gov.br/ccivil_03/leis/L7498.htm. Acesso em: 2 out. 2018.

BRASIL. Ministério da Saúde. **HumanizaSUS**: documento base para gestores e trabalhadores do SUS. 4. ed. Brasília, DF: Ministério da Saúde, 2008. Disponível em: http://bvsms.saude.gov.br/bvs/publicacoes/humanizasus_gestores_trabalhadores_sus_4ed.pdf. Acesso em: 29 out. 2008.

BRASIL. Ministério da Saúde. Secretária da Vigilância em Saúde. **Orientações quanto à aplicação de vacina intramuscular e a não indicação de aspiração**. Brasília: MS, 2020.

BRASIL. Ministério da Saúde. **Técnicas de aplicação e leitura da prova tuberculínica**. Brasília: MS, 2014. Disponível em: https://bvsms.saude.gov.br/bvs/publicacoes/tecnicas_aplicacao_leitura_prova_tuberculinica.pdf. Acesso em: 25 ago. 2021.

BRASIL. Ministério da Saúde; Hospital Sírio-Libanês. **Manual de cuidados paliativos**. 2. ed. São Paulo: Hospital Sírio-Libanês; Ministério da Saúde, 2023. Disponível em: https://www.gov.br/saude/pt-br/centrais-de-conteudo/publicacoes/guias-e-manuais/2023/manual-de-cuidados-paliativos-2a-edicao. Acesso em: 6 jan. 2025.

BRASIL. **Norma Regulamentadora nº 6**. Brasília, DF: Ministério do Trabalho e Emprego, 22 out. 2020.

BRASIL. **Portaria nº 529, de 1 de abril de 2013**. Institui o Programa Nacional de Segurança do Paciente (PNSP). Brasília, DF: Ministério da Saúde, 2013. Disponível em: http://bvsms.saude.gov.br/bvs/saudelegis/gm/2013/prt0529_01_04_2013.html. Acesso em: 2 out. 2018.

CARRIER-WALKER, L. **Notas sobre enfermagem**: um guia para cuidadores na atualidade. Rio de Janeiro: Elsiever, 2011.

CONSELHO FEDERAL DE ENFERMAGEM. **Parecer Técnico n. 001/2023**: Diretrizes sobre segurança do paciente na administração de medicamentos. Porto Velho: Coren-RO, 2023. Disponível em: https://ouvidoria.

cofen.gov.br/coren-ro/transparencia/82813/download/PDF. Acesso em: 20 dez. 2024.

CONSELHO FEDERAL DE ENFERMAGEM. **Aspectos relacionados à administração de medicamentos**. Brasília, DF: Cofen, 2011.

CONSELHO FEDERAL DE ENFERMAGEM. **Guia de recomendações para registro de enfermagem no prontuário do paciente e outros documentos de enfermagem**. Brasília, DF: Cofen, 2016a.

CONSELHO FEDERAL DE ENFERMAGEM. **Parecer de Conselheiro Federal nº 243/2017**. Dispõe sobre normas para a atuação do enfermeiro em procedimentos invasivos. Brasília, DF: Cofen, 2017. Disponível em: https://www.cofen.gov.br/parecer-de-relator-cofen-no-2432017/. Acesso em: 6 jan. 2025.

CONSELHO FEDERAL DE ENFERMAGEM. **Parecer de Conselheiro Federal nº 3/2023/PROGER/DPAC/SPC/COFEN**. Trata das diretrizes para atuação do enfermeiro em gestão e práticas avançadas de saúde. Brasília, DF: Cofen, 2023a. Disponível em: https://www.cofen.gov.br/parecer-de-conselheiro-federal-no-3-2023-proger-dpac-spc-cofen/. Acesso em: 6 jan. 2025.

CONSELHO FEDERAL DE ENFERMAGEM. **Parecer de Relatora nº 017/2023**. Trata da atuação do enfermeiro em situações de saúde pública emergenciais. Brasília, DF: Cofen, 2023b. Disponível em: https://www.cofen.gov.br/parecer-de-conselheira-federal-relatora-no-017-2023/. Acesso em: 6 jan. 2025.

CONSELHO FEDERAL DE ENFERMAGEM. **Parecer nº 001/2019/CTAS/CTLN/COFEN**. Ementa: solicita esclarecimento sobre requisitos exigidos para fornecimento de curso de capacitação para inserção, manutenção e retirada de PICC. Brasília, DF: Cofen, 2019. Disponível em: https://www.cofen.gov.br/parecer-conjunto-ctas-ctln-no-001-2019_105294.html. Acesso em: 20 dez. 2024.

CONSELHO FEDERAL DE ENFERMAGEM. **Parecer nº 017/2023**. Ementa: solicitação de parecer referente à passagem de cateter venoso central de inserção periférica (PICC) por enfermeiro em home care ou prestador de serviço autônomo e/ou liberal. Brasília, DF: Cofen, 2023c. Disponível em: https://www.cofen.gov.br/parecer-de-conselheira-federal-relatora-no-017-2023_105293.html. Acesso em: 20 dez. 2024.

CONSELHO FEDERAL DE ENFERMAGEM. **Parecer nº 9/2016/CTAS/ COFEN**. Ementa: solicitação de parecer sobre a administração de medicamentos por via IM em pacientes que usam prótese de silicone. Brasília, DF: Cofen, 2016(b). Disponível em: http://www.cofen.gov.br/parecer-no--092016ctascofen_42147.html. Acesso em: 2 out. 2018.

CONSELHO FEDERAL DE ENFERMAGEM. **Resolução Cofen nº 258/2001**. Estabelece normas para a atuação do enfermeiro na área de Estética [Internet]. Brasília: Cofen, 2001. Disponível em: https://www.cofen.gov.br/resoluo-cofen-2582001/. Acesso em: 6 jan. 2025.

CONSELHO FEDERAL DE ENFERMAGEM. **Resolução Cofen nº 487/2015**. Veda aos profissionais de Enfermagem o cumprimento da prescrição médica a distância e a execução da prescrição médica fora da validade. Brasília, DF: Cofen, 2015. Disponível em: http://www.cofen.gov.br/resolucao-cofen-no-4872015_33939.html. Acesso em: 2 out. 2018.

CONSELHO FEDERAL DE ENFERMAGEM. **Resolução Cofen nº 527/2016** – Revogada pela Resolução Cofen n. 543/2017. Atualiza e estabelece parâmetros para o Dimensionamento do Quadro de Profissionais de Enfermagem nos serviços/locais em que são realizadas atividades de enfermagem. Brasília, DF: Cofen, 2016(c). Disponível em: http://www.cofen.gov.br/resolucao-cofen-no-05272016_46348.html. Acesso em: 2 out. 2018.

CONSELHO FEDERAL DE ENFERMAGEM. **Resolução Cofen nº 564/2017**. Aprova o novo Código de Ética dos Profissionais de Enfermagem. Brasília, DF: Cofen, 2017. Disponível em: http://www.cofen.gov.br/resolucao-cofen-no-5642017_59145.html. Acesso em: 29 out. 2018.

CONSELHO FEDERAL DE ENFERMAGEM. **Resolução Cofen nº 648/2020**. Dispõe sobre a normatização, capacitação e atuação do enfermeiro na realização da punção intraóssea em adultos e crianças em situações de urgência e emergência pré e intra-hospitalares. Brasília, DF: Cofen, 2020. Disponível em: https://www.cofen.gov.br/resolucao-cofen-no-648-2020/. Acesso em: 6 jan. 2025.

CONSELHO FEDERAL DE ENFERMAGEM. **Resolução Cofen nº 689/2022**. Dispõe sobre atualização das competências do enfermeiro na assistência de alta complexidade. Brasília, DF: Cofen, 2022. Disponível em: https://www.cofen.gov.br/resolucao-cofen-no-4872015/. Acesso em: 6 jan. 2025.

CONSELHO FEDERAL DE ENFERMAGEM. **Resolução Cofen nº 272/2002** – Revogada pela Resolução Cofen nº 358/2009. Dispõe sobre a Sistematização da Assistência de Enfermagem – SAE nas instituições de saúde brasileiras. Brasília, DF: Cofen, 2002. Disponível em: http://www.cofen.gov.br/resoluo-cofen-2722002-revogada-pela-resoluao-cofen-n-3582009_4309.html. Acesso em: 2 out. 2018.

CONSELHO FEDERAL DE ENFERMAGEM. **Resolução Cofen nº 358/2009**. Dispõe sobre a Sistematização da Assistência de Enfermagem e a implementação do Processo de Enfermagem em ambientes, públicos ou privados, em que ocorre o cuidado profissional de Enfermagem, e dá outras providências. Brasília, DF: Cofen, 2009. Disponível em: http://www.cofen.gov.br/resoluo-cofen-3582009_4384.html. Acesso em: 6 out. 2018.

CONSELHO FEDERAL DE MEDICINA. **Código de ética médica**: Resolução CFM nº 1.931, de 17 de setembro de 2009. Brasília, DF: CFM, 2010. Disponível em: https://portal.cfm.org.br/images/stories/biblioteca/codigo%20de%20etica%20medica.pdf. Acesso em: 2 out. 2018.

CONSELHO REGIONAL DE ENFERMAGEM DE ALAGOAS. **Parecer Técnico nº 029/2022**. Dispõe sobre a aplicação de práticas de enfermagem em situações específicas de saúde. Maceió: Coren-AL, 2022. Disponível em: https://ouvidoria.cofen.gov.br/coren-al/transparencia/76199/download/PDF. Acesso em: 6 jan. 2025.

CONSELHO REGIONAL DE ENFERMAGEM DE SANTA CATARINA. Administração de medicamentos. **77a Semana Brasileira de Enfermagem**. Florianópolis: Coren-SC, [20--]. Disponível em: http://www.corensc.gov.br/wp-content/ uploads/2016/05/Administra%C3%A7%C3%A3o-de-medicamentos.pdf. Acesso em: 2 out. 2018.

CONSELHO REGIONAL DE ENFERMAGEM DE SÃO PAULO. **Orientação fundamentada nº 100/2015**. Aplicação de vacina sem documento de identificação da criança e responsável. Administração de BCG. São Paulo: Coren-SP, 2015. Disponível em: http://portal.coren-sp.gov.br/sites/default/files/Orienta%C3%A7%C3%A3o%20Fundamentada%20-%20100_0.pdf. Acesso em: 2 out. 2018.

CONSELHO REGIONAL DE ENFERMAGEM DE SÃO PAULO. **Parecer Coren-SP 031/2014 – CT**. PRCI nº 102.681/2013 – Ticket n. 295.806. Ementa: Punção e administração de fluidos na hipodermóclise. São Paulo:

Coren-SP, 2013a. Disponível em: http://portal.coren-sp.gov.br/sites/default/files/parecer_coren_sp_2014_031.pdf. Acesso em: 2 out. 2018.

CONSELHO REGIONAL DE ENFERMAGEM DE SÃO PAULO. **Parecer Coren-SP nº 036/2013 – CT**. PRCI nº 101.083 e Tickets nº 280.064 e 285.673. Ementa: Competência para aprazamento de prescrição médica. São Paulo: Coren-SP, 2013b. Disponível em: http://portal.coren-sp.gov.br/wp-content/uploads/2013/07/parecer_coren_sp_2013_36.pdf. Acesso em: 2 out. 2018.

CONSELHO REGIONAL DE ENFERMAGEM DE SÃO PAULO. **Parecer Coren-SP nº 040/2013 – CT**. PRCI n. 102.486 e Tickets n. 291.902, 295.833, 303.333. Ementa: Dupla-checagem. São Paulo: Coren-SP, 2013c. Disponível em: http://portal.coren-sp.gov.br/sites/default/files/parecer_coren_sp_2013_40.pdf. Acesso em: 2 out. 2018.

CONSELHO REGIONAL DE ENFERMAGEM DE SÃO PAULO. **Parecer Coren-SP CAT nº 010/2010**. Assunto: Abertura do invólucro de seringas. São Paulo: Coren-SP, 2010(a). Disponível em: http://portal.coren-sp.gov.br/wp-content/uploads/2013/07/parecer_coren_sp_2010_10.pdf. Acesso em: 2 out. 2018.

CONSELHO REGIONAL DE ENFERMAGEM DE SÃO PAULO. **Parecer Coren-SP CAT nº 032/2010**. Assunto: Lavagem intestinal. São Paulo: Coren-SP, 2010(b). Disponível em: http://portal.coren-sp.gov.br/sites/default/files/parecer_coren_sp_2010_32.pdf. Acesso em: 2 out. 2018.

CONSELHO REGIONAL DE ENFERMAGEM DE SÃO PAULO. **Parecer nº 017/2020**. Ementa: atuação do enfermeiro na inserção de cateter venoso central de inserção periférica (PICC) em pacientes adultos e pediátricos. São Paulo: Coren-SP, 2020. Disponível em: https://portal.coren-sp.gov.br/sites/default/files/parecer_017_2020.pdf. Acesso em: 20 dez. 2024.

CONSELHO REGIONAL DE ENFERMAGEM DE SÃO PAULO. **Parecer nº 031/2014**. Dispõe sobre competências e práticas em enfermagem estética. São Paulo: Coren-SP, 2014. Disponível em: https://portal.coren-sp.gov.br/sites/default/files/parecer_coren_sp_2014_031.pdf. Acesso em: 6 jan. 2025.

CONSELHO REGIONAL DE ENFERMAGEM DE SÃO PAULO. **Parecer nº 043/2013**. Ementa: competência do enfermeiro na inserção de cateter venoso central de inserção periférica (PICC) em neonatos. São Paulo: Coren-SP, 2013. Disponível em: https://portal.coren-sp.gov.br/sites/default/files/parecer_043_2013.pdf. Acesso em: 20 dez. 2024.

CONSELHO REGIONAL DE ENFERMAGEM DE SÃO PAULO. **Uso seguro de medicamentos**: guia para preparo, administração e monitoramento. São Paulo: Coren-SP, 2017. Disponível em: http://portal.coren-sp.gov.br/sites/default/files/uso-seguro-medicamentos.pdf. Acesso em: 2 out. 2018.

CONSELHO REGIONAL DE ENFERMAGEM DO DISTRITO FEDERAL. **Parecer Técnico COREN-DF nº 10/2022**. Dispõe sobre práticas de enfermagem na assistência à saúde em situações críticas. Brasília: Coren-DF, 2022. Disponível em: https://coren-df.gov.br/site/wp-content/uploads/2022/03/pt102022.pdf. Acesso em: 6 jan. 2025.

COSTA, A. O que é a teoria do queijo suíço? **Instituto Brasileiro para Excelência em Saúde**, 2017. Disponível em: http://www.ibes.med.br/o-que-e-teoria-queijo-suico-por-alexia-costa/. Acesso em: 2 out. 2018.

DICENSO, A. *et al.* Implementing evidence based nursing: some misconceptions. **Evidence Based Nursing**, [*s. l.*], v. 1, n. 2, p. 38-39, 1998.

DICIONÁRIO ELETRÔNICO HOUAISS. São Paulo: Objetiva, 2009.

FARIH, F. T. **Manual de diluição e administração de medicamentos injetáveis**. Rio de Janeiro: Reichmann & Affonso, 2000.

FERREIRA, A. R. *et al.* Medidas de biossegurança na administração de quimioterapia antineoplásica: conhecimento dos enfermeiros. **Revista Brasileira de Cancerologia**, [*s. l.*], v. 62, v. 2, p. 137-145, 2016. Disponível em: http://www.inca.gov.br/rbc/n_62/v02/pdf/06-artigo-medidas-de-biosseguranca-na-administracao-de-quimioterapia-antineoplasica-conhecimento-dos-enfermeiros. pdf. Acesso em: 2 out. 2018.

FIGUEIREDO, A. E. P. L. O papel da enfermagem na administração do ferro por via parenteral. **Revista Brasileira de Hematologia e Hemoterapia**, Rio de Janeiro, v. 32, n. 2, p. 129-13, 2010. Disponível em: http://www.scielo.br/pdf/rbhh/v32s2/aop68010.pdf. Acesso em: 11 ago. 2021.

HERDMAN, T. H.; KAMITSURU, S.; LOPES, C. T. **Diagnósticos de Enfermagem da NANDA-I**: definições e classificação 2024-2026. 13. ed. Porto Alegre: Artmed, 2024.

LIMA, G.; NEGRINI, N. M. M. "Assistência farmacêutica na administração de medicamentos via sonda: escolha da forma farmacêutica adequada". **Einstein**, 7(1 Pt 1), 2009. Disponível em: http://apps.einstein.br/revista/arquivos/PDF/1035-einsteinv7n1p9_17.pdf. Acesso em: 2 out. 2018.

MADIGAN, E. A. Evidence-based practice in homehealth care: a springboard for discussion. **Home Health Care Nurse**, [*s. l.*], v. 16, n. 6, 1998.

MANSUR, J. High-alert medications. **Joint Commission Resources**, [*s. l.*], 2008.

PETERLINI, M. A. S. **Incompatibilidade no preparo e administração de terapia intravenosa em crianças**: associação entre fármacos, soluções e materiais dos cateteres e acessórios. Tese (Doutorado em Enfermagem) – Escola Paulista de Medicina, Universidade Federal de São Paulo, São Paulo, 2003.

PRADO, M. L.; GELBCKE, F. L. **Fundamentos para o cuidado profissional de enfermagem**. Florianópolis: Cidade Futura, 2013.

PREENCHIMENTO DA SERINGA. **Luiza Marques**, 2015. Disponível em: http://luizamarques2015.blogspot.com/2015/03/preparo-da-seringa-preenchimento-da.html. Acesso em: 16 out. 2018.

PRINCIPAIS SIGLAS e abreviaturas encontradas nas prescrições médicas. **Farmacêutico digital**, [*s. l.*], 2016. Disponível em: https://farmaceuticodigital.com/2016/06/siglas-abreviaturas-prescricoes-medicas.html. Acesso em: 29 out. 2018.

REASON, J. Human error: models and management **BMJ**, mar. 2000. Disponível em: https://www.bmj.com/content/320/7237/768. Acesso em: 2 out. 2018.

RODRIGUES, G. O que é a Sistematização da Assistência de Enfermagem (SAE). **Pixeon.com**, jul. 2018. Disponível em: https://www.pixeon.com/ blog/entenda-em-5-etapas-a-sistematizacao-da-assistencia-de-enfermagem/. Acesso em: 2 out. 2018.

SILVA JÚNIOR, W. S. *et al.* Insulinoterapia no diabetes mellitus tipo 1 (DM1). Diretriz Oficial da Sociedade Brasileira de Diabetes. **Diretriz SBD**, 2023. Disponível em: https://diretriz.diabetes.org.br/insulinoterapia-no-diabetes-mellitus-tipo-1-dm1. Acesso em: 6 jan. 2025.

SOCIEDADE BRASILEIRA DE DIABETES. Aplicação de insulina: dispositivos e técnica de aplicação. *In*: **Diretrizes da Sociedade Brasileira de Diabetes 2014-2015**. São Paulo: AC Farmacêutica, 2015.. Disponível em:https://nutritotal.com.br/pro/wp-content/uploads/2015/05/418-diretrizes-sbd-2015.pdf. Acesso em: 27 jan. 2025.

SOCIEDADE BRASILEIRA DE DIABETES. **Conduta terapêutica no diabetes tipo 2**: algoritmo SBD 2017. Brasília, DF: SBD, 2017. Disponível em: http:// www.diabetes.org.br/profissionais/images/2017/POSICIONAMENTO-OFICIAL-SBD-02-2017-ALGORITMO-SBD-2017.pdf. Acesso em: 2 out. 2018.

STETLER, C. B. *et al.* Evidence-based practice and the role of nursing leadership. **The Journal of Nursing Administration**, [*s. l.*], v. 28. n. 7-8, p. 45-53, 1998.

UGEDA, G. T. Confira os 9 certos na administração segura de medicamentos **Enfermeiro aprendiz**, jun. 2016. Disponível em: http://www.enfermeiroaprendiz.com.br/saiba-os-9-certos-na-administracao-segura-de--medicamentos/. Acesso em: 2 out. 2018.

UNIVERSIDADE FEDERAL DO TRIÂNGULO MINEIRO. Serviço de Educação em Enfermagem. **Insulinoterapia**. Uberaba: UFTM/SEE, [20--]. Disponível em: http://www.ebserh.gov.br/documents/147715/393018/Aula_de_aplicacao_de_insulina.pdf. Acesso em: 11 out. 2018.

Índice geral